開始／陪孩子打電玩

前言

二〇一八年十一月，有人在問答網站「知乎」問了我一個問題：為什麼有些人不喜歡自己的孩子玩電動遊戲？

在這個問題下面，我講了自己從小到大玩遊戲的經歷，以及帶著我家大兒子一起玩遊戲的種種體驗。我的回答與其他回答最大的不同之處是角度比較積極：孩子玩得開心，親子相處愉快，而且孩子透過玩遊戲也能學到不少東西，何樂而不為呢？

結果，這篇回答竟有三百三十萬次觀看量，獲得了近三萬個「贊同」，以及一千六百條評論。我沒想到，這樣一篇接近日常記錄的回答，論專業性其實沒多強，竟然刷新了我在「知乎」上九年來所有回答的記錄。

對我來說，這就像在遊戲裡無意間發現了一個寶箱，竟拿到了超乎預期的好武器，既然如此，總要將新裝備試一試。好在，回答的評論裡就出現了我需要攻克的下一個關卡。

評論裡有認可，也有質疑，但最多的是新一代年輕人們的追憶：「我爸媽要是當年能這樣，那就好了。」這帶有一點點酸楚和惋惜的話語，讓我彷彿看到了那些聽著「別人家的孩子如何如何」長大的年輕人，開始有了「別人家的爸媽如何如何」的感覺。更重要的是，這些想法凸顯出一個非常值得深入思考的主題：**因為電動遊戲而產生的世代衝突**。

在此衝突下長大的第一代已屆成年，即將或者已經為人父母，那麼在新家庭裡，電動遊戲會不會仍是親子衝突的戰場呢？這群新家長們會不會也去強行壓制自己童年時所屬的陣營呢？而第一代的孩子們所面對的「電動遊戲戰爭」，與父輩又會有哪些不同呢？就算不考慮兩三代人之間的糾葛，光考慮每個家庭的現實，**為什麼很多家長就是不願意讓孩子玩遊戲？為什麼孩子一玩遊戲就停不下來？遊戲真的會把孩子教壞嗎？透過遊戲「寓教於樂」到底有沒有可能？**如果家長認可孩子該適度放鬆，那麼該如何掌控這個「度」呢？

為了回答這些問題，我開始回顧自己的成長經歷、我接觸過的大量家庭，以及我帶孩子玩遊戲的體驗，但越仔細想，疑問越多。電動遊戲對童年與家庭的影響竟然是一個如此複雜的問題。捫心自問，我一開始帶著孩子玩遊戲的時候，不過就是下意識的作為，其實並沒有想這麼多。幸虧多年的科學訓練，讓我建立了這樣的習慣：遇見問題時先找找有沒有結合研究與實踐的論斷。

一開始我是悲觀的。因為從經驗上，心理學、教育學、社會學等學科，似乎並沒有為電動遊戲「站台」的傳統。在很多情況下，電動遊戲這個話題一出現，就已經帶有「需要被解決的問題」的意味了，頗有「老鼠過街，人人喊打」的意思。想在這樣的氛圍下，客觀分析電動遊戲的利弊實在不容易。

但讓我非常意外的是，其實已經有很多具有說服力的學術成果，能夠證明電動遊戲本身可以給孩子的成長帶來更多幫助。一些心理學家發現遊戲可以讓孩子更容易投入同儕的社交；一些認知神經科學家發現遊戲能夠提高玩家的注意力；甚至一些教育學家已經開始在小學教育中採用遊戲來作為重要的教具和課程載體。從這些研究中，我們不難得出這樣的結論：「**邊遊戲，邊成長**」有著巨大的可能性。

不僅如此，學界對於遊戲的另一個研究結論是：它已經變得不可或缺、無可避免。即使你認為遊戲給童年帶來的成長助力不足掛齒，完全可以捨去，換成別的東西照樣能讓孩子更加優秀，你也很難把孩子放在一個隔離電動遊戲影響力的教養環境中。歸根究柢一句話：**在這個世代，電動遊戲是一個必然會對孩子的童年產生影響的事物。**

那麼，如何調節影響程度？可以允許多大的影響？什麼樣的管理方法能讓電動遊戲利大於弊？這些問題都不得不擺上檯面一一審視，因為這是每個家長都必須思考的問題。由於孩子避不開電動遊戲，所以我們更不能置身事外。我寫這本書正是為了解決這些問題，一方面幫助家長瞭解學界對電動遊戲的研究，一方面讓家長明白日常生活中應該如何管理孩子使用電子產品，並且成為孩子自我約束的「好隊友」。

學術研究總要經過一個介質，才能在生活中反映、落實。這次，這本書與你，將共同扮演這個角色。

首先，**你是過濾器**。縱使學術界抱持著積極態度，也不代表家長們會對電動遊戲敞開大門歡迎。恰恰相反，由於遊戲產業越來越複雜，當今孩子的童年經歷也越來越多元化，作為家長，已經不能簡單粗暴地應對孩子玩電動遊戲這件事了。如果採用「閉關鎖國」的策略，孩子就會損失與同儕交流的話題，並且缺少一個適應並練習投入新技術生活的平台，變成一座孤島；如果徹底開放，孩子則會被動且無力地面對風險巨大的未知領域，而且，所接觸到的遊戲和其他玩家未經過篩選，他們很有可能因為免疫力不足而沉淪。在幫助孩子選擇優質內容、規避潛在風險方面，家長應該負起過濾的責任。我知道，很多家長並不瞭解現在的遊戲，但是沒關係，我在書中會幫你解決與此相關的一系列問題。

其次，**你是管理諮詢公司**。我們的父輩在管教孩子玩遊戲時，往往扮演一個強而有力、不容反駁的管理者角色。但是今天，扮演這樣的角色多半效果不佳。一方面，家長對於自己要管理的東西並不一定比孩子更瞭解；另一方面，孩子並不是靠被動約束就能管理好的。此外很重要的一點是，替孩子管理永遠是下策，幫助孩子學會自我管理才是更可行的方案。本書並不會傳授什麼「一管就靈」的管理法則，更不會教你做一個讓孩子聞風喪膽的「暴君」，只會更深入探討如何才能幫助孩子學會自律，管理好他自己的生活，教你成為孩子的「智庫」，而非他的「老闆」。

最後，**你完全可以是孩子的玩伴**。在孩子玩遊戲的時候，要說誰對他的影響力最大，那一定就是玩伴了。如果你和孩子一起玩，那麼，你說停就可以停，因為少一個人就玩不下去；如果孩子和別人一起玩，雖然你想管，但你說停可就不一定能停下來，因為孩子不僅自己想玩，還要兼顧玩伴的感受，當然不會優先聽你的。我在書中提出，「親子共遊」是一種非常重要的遊戲管理解決方案。你會瞭解到如何成為孩子最不可或缺的好玩伴，並透過這個身分做好電動遊戲的管理工作。

研究成果、家庭現實、解決方案，我希望這本書能夠把與電動遊戲相關的這三個面向的內容統統呈現出來。讓你在看到孩子面對電子螢幕時不再焦慮，也能讓孩子玩得開心，快樂成長。

目錄

CHAPTER 3

透過玩電動遊戲提升四大能力

CHAPTER 4

改變親子關係，從瞭解電動遊戲開始

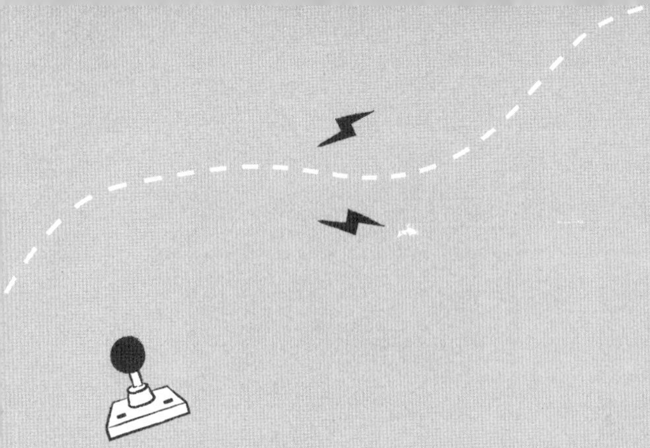

CHAPTER 5

如何幫孩子選擇好遊戲

CHAPTER 8 比起直接管理，請擔任孩子的諮詢師

CHAPTER 1

電動遊戲是新世代的交流平台

遊戲不僅是娛樂，也是一種社交常態

你會玩遊戲嗎？

二〇一九年年底，我作為評論嘉賓參加了一檔綜藝節目。

來自武漢的特教老師李溶溶，帶著六個聽障孩子走上了舞臺。這些孩子都患有先天性失聰，但是李老師用盡心思，幫助他們一步步學會了說話與表達。其中最優秀的孩子，甚至可以在人工電子耳的幫助下與常人進行日常溝通。在場的所有人無不為之動容，我看到節目製作組裡好幾個人都在擦眼淚。

李老師接受主持人訪談的時候，有幾個小朋友跑到我這邊的嘉賓席來。其中一個十歲的小男孩，膚色黝黑，牙齒雪白，看著我一直笑。我也看著他笑，是人表達交流意願和彼此認可的表情。

礙於當時的情況，我指了指掛在自己頭上的錄音裝置，大概意思就是：我現在不方便說話，會被錄進去。他也意會到了，便一手抓過我攤開在桌子上的筆記本，拿出一支筆，寫下了這樣一句話：你會玩遊戲嗎？

我把問題寫在紙上：什麼遊戲？他寫道：手機上的《王者榮耀》。

我萬萬沒想到，一個聽障孩子和我這樣一個萍水相逢的成年人在一個綜藝節目的舞臺上交流的第一句話，不是問名字，不是問年齡，不是問「你在哪裡工作」或者「你在哪兒讀書」，而是問我有沒有玩過一款手機上的多人線上競技遊戲。仔細一想，倒也正常，雖情理之中，但意料之外。

首先，對於出生在資訊革命浪潮中的孩子來說，電子產品已經成為日常生活中不可或缺的工具。其次，作為一個聽障的孩子，他可能的確不方便參與有合作或者競技屬性的體育活動，卻依然能夠以低成本的方式參與到另一種具有同樣屬性的電子競技活動中。再者，在他的同齡人當中，尤其是男生之間，關於電動遊戲的討論是一個非常重要的群體話語內容，與初次見面的人先聊聊是否有喜歡的遊戲、彼此擅長哪個角色、在戰場上比較青睞哪個位置等等，實在是再自然不過的一件事了。

不過很可惜，我並不是《王者榮耀》的玩家。但是，這不妨礙我繼續和他交流下去，我飛快地在紙上寫下：我不玩，但是我認識製作《王者榮耀》的天美工作室的策劃總監，你要和他認識一下嗎？

作為一個玩家，能有機會接觸到自己心愛的遊戲的創造者，孩子對此當然非常興奮。於是我拿出手機，給我們兩個人拍張照，發給天美工作室的策劃總監張偉，跟他說了大概的情況，還給他留了一句話：遊戲已經是一種交流的基礎。他回覆我，也回覆那個孩子：我們責任重大。

⋯⋯⋯家長沒有注意到的事實

不論你是否接受，這種趨勢都日益清晰：**電動遊戲已經成為下一代人的交流平台。**

二〇一五年，美國皮尤研究中心釋出一份題為《青少年、技術與友誼：電動遊戲、社交媒體和手機在青少年的友情互動中扮演了關鍵角色》的報告。其中揭示了一組資料：所有的青少年中，有五七％的孩子曾完全依靠線上交流去交新朋友；有五二％的孩子會和朋友一起玩電動遊戲，且有十三％的孩子每天都會這麼做。

遊戲對男孩的社交來說更是必要的需求，有八四％的男孩會玩電動遊戲。而且報告中指出：對男孩來說，玩電動遊戲已經不是一個可選項，而是一個必選項。這些玩電動遊戲的男孩們，八三％有線下一起玩的朋友，七五％有線上一起玩的網友。此外，不管玩不玩電動遊戲，在所有男孩中，有三八％的孩子在和朋友交流的時候，前三個話題之一就是電動遊戲；七八％的孩子表示，和同伴一起玩電動遊戲，是最能讓他們增進感情的方式。

要知道，這可是二〇一五年的報告，在經過了這麼多年的今天，電動遊戲在孩子們的社交中扮演著越來越重要的角色。

新興的娛樂方式

在我小時候回老家過年時，最常見到的景象是不分晝夜輪替的麻將桌，誰累了誰下，總會有姑姑阿姨補上去。人可以下桌，但牌局可不能停。但是現在回家過年，你會發現，比較年輕的那兩代人從不執著於打麻將，而是打開手機連線玩遊戲。

美國娛樂軟體協會（ＥＳＡ）是電動遊戲產業中非常重要的一家機構，知名的娛樂軟體分級委員會（ＥＳＲＢ）就由它管理。ＥＳＲＢ透過分析電動遊戲裡的具體內容，為遊戲分級來匹配適用人群，幫助低齡的孩子不至於受到遊戲裡潛在的不良因素的影響。ＥＳA在二〇二〇年釋出的行業報告中指出：六〇％的電動遊戲玩家會用手機玩遊戲，五二％的玩家會用個人電腦玩遊戲，而四九％的玩家會使用像Xbox和ＰＳ４這樣的遊戲主機玩遊戲。

像電腦和遊戲主機這樣的電子產品越來越普及，而方便隨身攜帶的手機也讓所有人都可以抓緊時間玩一回遊戲。

與此同時，從我們身邊的情況也不難看出，「一起玩遊戲」已經成了一種社交常態。電動遊戲在年輕人的社交與生活中有了極強的「滲透性」，而這種滲透性會在不知不覺中影響了你的行為。

不同人群會選擇不同的消遣話題。對於年齡大一點的人來說，可能是工作、房子、車子或孩子，但是對於另外一群人來說，就是遊戲。

我的一個侄女最近參加了一場同學會，大家一起去ＫＴＶ唱歌，結果歌沒唱幾首，大家都放下麥克風，癱在沙發上開始連線玩手遊。「反正也沒唱到歌，你說我們為什麼還要出包廂費啊？不如到河堤邊玩遊戲不也一樣嗎？這錢算是白花了！」她這樣對我說。

但我所看到的，是一種年輕人間的默契，彰顯出他們認同的交流模式和社交型態。從功能上來說，電動遊戲開始取代ＫＴＶ這種老舊的交流場景，但是又沒有完全取代，所以才會出現這種充滿「魔幻現實主義」色彩的情景：一群人在ＫＴＶ的燈球照耀下，癱在沙發上一起打遊戲。

這是一種趨勢。就像一場拔河比賽，在繩子一端，是日新月異、快速迭代的電動遊戲，在繩子另一端，是KTV包廂，是麻將桌，或是某些飯局。在我看來，雖然終場哨聲還沒響起，但這場拔河比賽勝負已分。這是由技術進步帶來的碾壓式勝利。

就像我家孩子手裡的樂高積木，已經替代了我們小時候手裡的發條玩具，而我們小時候手裡的發條玩具，替代的是我們爸媽小時候手裡的沙包。想要改變這種由技術帶動的趨勢，基本上是徒勞的。趨勢有可能被下一個趨勢取代，但是很難完全回到上一個趨勢。比如我很難想像我的孩子會像玩樂高積木一樣感興趣地去玩沙包，以及讓以電動遊戲作為社交平台的年輕人重新回到父輩甚至祖輩的社交模式中。

從麻將到電動遊戲，跨越時代的不同的娛樂工具卻都承擔了同一個作用，那就是扮演一種具有足夠公共影響力的交流平台的角色。

與孩子分歧的起點

就像現在的孩子不能回到父輩或祖輩的社交模式一樣，習慣了打麻將的那一代人，往往不能理解當下這代年輕人愛玩電動遊戲的事實。

不同的人群有不同的交流平台，這很正常，但匪夷所思的是，人們往往會給予別人的交流平台負面評價。這便是親子間分歧的起點。

比如，我們一家吃飯時，我爸會斟上一杯白酒，我會開一罐精釀啤酒，而我大兒子則會吵著要喝可樂。我爸會訓誡孫子：可樂對身體不好！但是他全然不顧自己喝酒可能會對身體不好的事實。當然，我不好意思說他做得不對，畢竟我手裡的啤酒其實也會給健康帶來風險。

我爸之所以批評孫子喝可樂，並不是因為酒比可樂好，而是因為他本人喜歡喝酒甚於可樂，瞭解酒更甚於瞭解可樂。

我們三代人各自都有愛喝的飲料，這些飲料有兩個共同點：一是對特定人群的生活已有潛移默化的影響，二是存在不健康的問題。任何一個事物只要在特定人群中存在感夠強，自然就會成為這些人行為上下意識的首選，甚至成為討論與交流的平台。可是，不同的人群認可的東西不一樣，就容易導致目光短淺，讓人無法好好地理解他人與別的事物。

很多人打開這本書看到這裡，肯定會下意識地產生這樣的想法：所以我才擔心啊！電動遊戲會產生這麼大的影響，而它本身又不是什麼好東西！我的孩子會被這玩意兒帶壞的！他靠電動遊戲和別人打交道，那就不會真正和人去交流、說話了啊！

你也許這樣想，但你的孩子卻往往不是這麼認為的。**在電動遊戲上，親子之間因為缺乏共識，滋生了許多本來可以避免的衝突。**

親子問題無關遊戲，而是缺乏對遊戲的共識

親子交流的陷阱

有個朋友曾找我訴苦：「如果我家兒子能把打遊戲的時間用在念書上，肯定會學得很好！打遊戲純屬浪費時間啊！」我沒勸他，也沒寬慰他，只是說了個笑話給他聽。

有個好心人勸朋友戒菸：「你看你，菸齡快十五年了，算下來，根本是把一輛賓士給抽沒了！戒菸吧！」結果人家反問：「你抽菸嗎？」他回答：「不抽呀。」「那你的賓士呢？」

抽菸當然不好，但是這個笑話很明確地指出一個人們容易忽視的道理：你不能理所當然地認為，讓孩子不在玩遊戲上「浪費時間」，就必然會轉化成高效的學習成果。

即使在沒有電動遊戲的時代，也總有一些東西會侵擾孩子的發展，例如撞球間、網咖、舞廳等等，在不同的社會階段都扮演過類似的角色。這些在外界

看來產生負面影響的東西不斷更替，但是家長操勞孩子的心始終都沒少過，這又是為什麼呢？

因為**本質上的問題根本就不在於電動遊戲、撞球、網咖這些「壞東西」上，而是在教育模式、親子關係、家庭氛圍中**。找錯了癥結所在，是煩惱的家長們在嘗試解決問題時邁錯的第一步。在問錯問題的情況下，再好的答案，也解決不了孩子的問題。

當孩子出現了這樣或者那樣的問題時，為人父母的，第一時間將責任歸咎於某個受外界抨擊的東西上，我們沒少見過。

遊戲管理從何而起

不分青紅皂白就篤定「只要讓孩子不打電動遊戲，就能越來越好」，這是家長對於遊戲管理的一廂情願，也是對於遊戲管理過度簡化的解讀。

即使我現在已經三十多歲，也仍時常面對類似的困境。有的時候我玩遊戲被我爸看到，他還會說：「你都多大了，還玩遊戲？」這種心態凸顯了家長對於遊戲的認知：孩子童年時玩遊戲，是浪費時間；孩子成年了玩遊戲，就是不務正業。

真正的遊戲管理其實要複雜得多。因為人與人的溝通，本身就是個系統化的工程，它涉及態度、價值觀、認可程度、交流意願等。

我們不妨先把電動遊戲拋開，看看今天的家長是如何與他們的孩子互動的。如果你已經為人父母，請你稍微回想一下，你上一次和孩子就某個事物交換看法、有所交流是什麼時候？你們談了什麼？

也許是今天早上開車送孩子去上學的路上，你們聊了聊關於在學校總是搞丟文具的事情；也許是昨晚，你的伴侶向你抱怨孩子在學校上課注意力不集中，老師又提醒了一下，所以你加班回來後，囑咐孩子上課要認真點；也許是上個週末，你輔導孩子寫週記，發現他頻繁地寫錯某個字，而在你糾正他的時候，你們甚至還出現了一點小摩擦；還可能是上個月，孩子想要你給他買一雙最新款的運動鞋，而你完全不能理解一雙鞋子憑什麼能賣到四五千塊，所以拒絕了他，還勸戒他要勤儉節約，以及你自己小時候穿的鞋子有多麼便宜……

不難發現，這些交流都帶著一點「上對下」的管理，甚至有種恨鐵不成鋼的意味。家長覺得不說不行，孩子卻聽不下去。更殘酷的是，這種交流模式仍然佔據了現代家庭親子交流的大多數。

接下來，請你再回想一下（因為有難度，所以這次可能會有點費力），上一次你和孩子眉飛色舞地談天說地，或者深入地交流觀點，產生想法的碰撞，又是什麼時候？

也許是上次一起看籃球賽，你們針對某個隊伍的當家球星最近一段時間的表現交換了想法；也許是孩子吐槽班上某個同學的奇葩行為，而你也和他聊起一個很難相處的同事；也許是兒子的媽媽因為某件事情生氣了，而你們父子二人非常有默契地交流了一下：哎呀！女人真是難懂呢……

對我而言，上一次類似這樣的交流，是我家五歲多的大兒子，在某天睡前和我聊起「原子彈是一種非常厲害的武器」。這個年齡的男孩，開始對槍炮很感興趣，也因為「軍事」成了他們同齡孩子之中交流的重要話題，所以他最近經常和我聊這個。他告訴我，幼兒園裡的男同學們今天因為一件事爭執了很久——如果原子彈在超人力霸王（日本特攝英雄）的手心裡爆炸了，超人力霸王會不會受傷。小朋友們分成了截然不同的兩派：一派認為原子彈對超人力霸王來說毫無殺傷力，還有一派認為超人力霸王再驍勇，也是一具肉身，怎麼可能敵得過原子彈？

兒子問我原子彈到底有多厲害，我對他說：「曾經有兩枚原子彈真正在戰爭中使用過，是美軍在日本的廣島和長崎投下的，它們甚至還有名字，分別叫小男孩和胖子。」兒子起了興致追問：「爸爸，這個胖子比你還胖嗎？」我則繼續對他說，這兩枚原子彈大概造成了什麼樣的後果，以及戰爭有多麼殘酷。

聊著聊著，我們父子倆決定明年去一趟長崎原爆資料館，倒不是為了掂量原子彈的威力，而是要透過瞭解戰爭的殘酷，更珍惜當下的和平。

這段對話是我在面對上述那個問題時第一個想到的場景。這樣的交流即使發生在親子之間其實也很平等，有互動、有共識、有產出，它是一次有價值又不至於弄得不歡而散的對話。

還有一種場景，我也希望你稍微回想一下。

有沒有那種孩子帶著滿滿的傾訴欲來找你聊某件事，而你卻讓他體會到「熱臉貼冷屁股」的時候？你要嘛嘻嘻哈哈一笑帶過，要嘛點點頭敷衍而已，根本什麼都沒聽進去。甚至我還見過有的家長對孩子做出了「揮蒼蠅」的手勢，明擺著表示「到一邊玩去！」。

可能是因為孩子談的話題幼稚，也可能是因為孩子聊的內容我們已經知道，還可能是因為孩子總是重複說同一件事，弄得我們有些不耐煩，所以才會出現這樣的情況。

當孩子試圖影響我們的時候，我們「拒絕」了他們，不是檯面上的對抗，而是那種「你說你的，我就聽著」，不交流、更不支持的感覺。就像在我們叮嚀他們好好寫作業、不要在學校丟三落四、走路別駝背的時候，他們對我們的回饋一樣。老實說，在很多家庭中，這種情況並不少見。

對不同的事物，家長與孩子往往有著不一樣的交流意願。如果兩代人在某件事上的交流意願是一致的，同時還達成了難能可貴的共識，那麼彼此之間肯定會產生互相促進的影響，優質的交流與關係自然就產生了。

如果交流意願不一致，當家長試圖影響孩子而孩子拒絕，情況就會變成孩子悶頭聽著家長無聊的說教；若是孩子試圖影響家長，而家長下意識地覺得孩子講的東西沒什麼值得關注與深入討論的地方，那麼想要有高效的親子交流，無異於只是紙上談兵。

更可怕的是，親子雙方互相「佛系」相處，甚至沒有影響彼此的意願，更不用說會有達成共識的體驗了。

在同一個頻道上溝通

我們與孩子的交流，其實不管內容聊什麼，都必然會落在一個平面直角座標系中。這個座標系的兩軸，分別是**孩子的交流意願**和**父母的交流意願**（見

圖1-1）。這兩個軸，將孩子與父母的互動，區分成了四個象限。

家長對孩子的說教，是家長想說而孩子不想聽，而孩子對家長熱臉貼冷屁股，則是孩子想講而家長不樂意陪伴。如果雙方都沒有交流意願，自然就變成了互不說話，看似和平，但實際上有點「消極」、「萎靡」的家庭關係。

最好的狀態當屬家長和孩子的交流意願都強烈，在這個區間的交流都屬於「有效溝通」。但是請注意，有效溝通不等於有趣溝通，發生在這一區間的交流體驗如何，主要取決於親子雙方對於討論內容的共識度高不高。

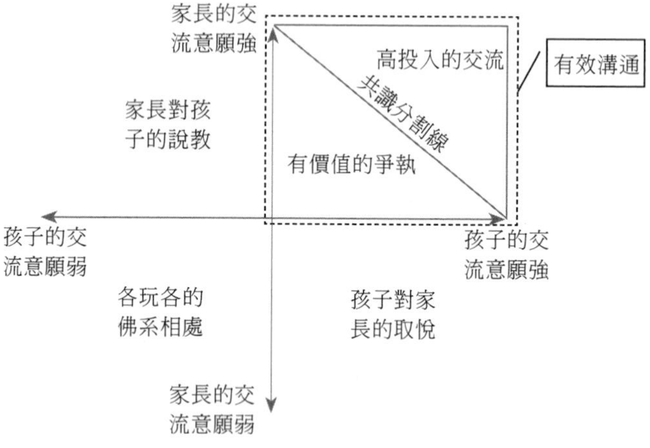

圖1-1　家長與孩子交流的模式

比如說，你和你的伴侶搶遙控器，一個想看足球，另一個想看綜藝，這時候你們的交流意願都很強烈，但是無法取得共識，就會進入「有價值的爭執」，最終決定再買個電視裝在臥室裡，這樣兩個人分開看，大家都開心。

再比如我之前提到的我與大兒子之間的「睡前談」，我們雙方的共識度很高，交流意願也很強烈，自然就出現了「高投入的交流」狀態。

在你和孩子的交流中，你們的談話主要集中在哪個象限呢？當你們談話的主題是電動遊戲時，又會集中在哪個象限裡呢？

在那些因為孩子玩電動遊戲而出問題，來找我諮詢的家庭裡，我發現了一個共同的特徵：他們一般都處於親子交流意願極為不對等的狀態。**孩子想聊的是電動遊戲本身，而家長想和孩子聊的只是電動遊戲管理**。

換句話說，孩子們其實很想和家長說說自己玩了些什麼，甚至想和家長一起玩。但是從家長那邊得到的反應，卻往往與遊戲內容無關，更多的是「你少玩點」、「光會打遊戲有什麼用」、「別人家功課好的孩子，沒有像你這樣整天打遊戲的」等等。

雙方都在自說自話。孩子和你聊遊戲的時候，沒有獲得預期的回饋，長久下來，他當然不願意和你聊天了。你想管孩子玩遊戲的時候，孩子也不願接話，管理自然也就無從談起。

曾有一位母親帶著十五歲的孩子來找我，她覺得兒子陷入「網癮」。我和這個男生聊了一會兒，談了談他玩過的遊戲，以及他對於這些遊戲的觀點和看法。在聊了幾個我們都喜歡的遊戲之後，我又問了問他對於課業和生活的想法，以及對自己未來發展的期待。

這是一個非常聰明、有見地的孩子，不管是聊起自己鍾情的遊戲，還是自己的生活，都是眉飛色舞，也不乏有深刻的觀點。他甚至會拿某個經典的遊戲角色和自己身邊的某個同學做對照，這樣一來我們兩個就能同時明白，他指的那些同學身上具有什麼樣的特點。

然而他的母親全程都帶著一種蔑視的目光去看自己侃侃而談的孩子。就算沒接受過心理學的專業訓練，你也能從她的表情中看出來，那是一種好像看見了蟑螂一樣深深的厭惡感。

她應該不厭惡自己的孩子，不然就不會因為重視這件事而帶孩子來見我。她厭惡的是談論電動遊戲時的孩子，她打心底敵視遊戲本身。當遊戲和她的孩子產生了交集，她會認為這是孩子染上了一種疾病，就像需要切割掉惡性腫瘤一樣，要讓遊戲和自己的孩子保持距離。

但是電動遊戲和惡性腫瘤，差距可大了。我會在本書稍後的部分認真地討論這個議題。

所以，家長在試圖解決孩子身上所謂的遊戲問題時，往往拒絕討論遊戲本身，而是不斷地問我：「怎麼樣才能讓他不玩遊戲？」或者「需要我花多少錢、出多少力，你就能夠讓我家孩子不再玩遊戲？」

這些問題，都不是與遊戲有關的問題，而是與遊戲管理有關的問題。

所以說，我所見到的來求助的家庭，在本質上全都面臨著同一種困境：一方熱絡、一方冷漠的不對等關係。要嘛是只熱衷於遊戲管理的家長，搞不定喜歡遊戲的孩子；要嘛是想和家長談遊戲的孩子，得不到家長的絲毫認可。

我從沒見到過，一個家長和孩子有同樣強烈的討論遊戲的意願，同時還需要我的幫助的家庭。的確，我很難想像有一個家長來找我，對我說：「我覺得賽車遊戲比較好玩，但是我家孩子就是喜歡玩策略遊戲，我覺得他有問題！你能不能和他聊聊？」

如果我們真的想要好好和孩子就遊戲這個問題達成有效溝通，就必須確保大家所討論的東西都集中在同一個頻道上：**該聊遊戲本身的時候就聊遊戲，該談遊戲管理的時候就談管理。**

不再各說各話，停止彼此對牛彈琴，**讓交流意願與交流主題趨於統一，是親子就遊戲話題進行溝通的第一步。**

然而，孩子和家長對於電動遊戲的態度，有著極大的不一致。在電動遊戲這個話題上，親子之間的分歧遠遠多於共識。

作為一個家長，可能覺得這是句廢話：電動遊戲對孩子而言，就相當於酒精、香菸、色情讀物和毒品，要嚴加管控和防範，一不留神，孩子就落入了萬劫不復的境地。所以，「遊戲有害」成為很多家長的態度底線。向邪惡的東西妥協，是在教養中絕不能容忍的行為。於是，不少家長在孩子的遊戲管理上，追求的目標非常單純：孩子儘量別玩，或者玩得越少越好。而家長為此付出的努力、管理成本與情緒成本，同樣也是越少越好。

在我看來，對孩子進行遊戲管理時，這類觀點是最不容忽視的「豬隊友」。帶著這樣的想法去進行遊戲管理，非常容易走上南轅北轍的道路。因為這種認識，從根本上就是錯誤的。要知道，很多家長看待遊戲時所堅持的負面觀點，並沒有科學證據支持。

親子問題相談室

「我也想和孩子有更熱絡的交流，但孩子不願意和我溝通，怎麼辦？」

的確，很多家長在和我談到「親子交流的平面直角座標系」（第三十頁）時，都會面露惋惜地說：「哎呀！我們家就沒有高品質的交流！」

如果一開始親子交流就走上正軌，當然是最好的。但如果一開始就脫了軌，孩子對家長變得愛理不理的，家長就沒招了。

這時的大忌是故作真誠地到孩子面前說：「爸爸媽媽今天想和你好好聊聊，我們分享一些內心話吧！」雖然很多親子專家會推薦家長們這麼做，但在實際生活中，這招在絕大多數情況下非但不會讓孩子積極主動地溝通，反而會讓他們立刻警覺起來。俗話說「無事不登三寶殿」，孩子們會心想：「平時就愛唸我，突然來這麼一手，是什麼意思？」

我的建議是，第一，你需要找一個不那麼刻意的時機，比如接他放學回家的路上、一起外出購物的地方、吃晚餐的時候……，既能自然的聊天，又不至於顯得太刻意。

第二，我建議你真的去和孩子交流、傾聽孩子的想法，而不是換一種看似柔軟的方式，在溝通中逼迫孩子就範。很多家長在這種溝通中，其實就是換了一張和善的面孔，但仍是在把自己的態度和要求強加給孩子，孩子怎麼想並不重要，家長心裡其實已經有了一個不容更改的方向。這種溝通的本質依然只是單方面的。

第三，我建議你可以耐心地等一等，而不是專門去營造與尋找溝通的機會。大家都住在同一個屋簷下，見面、溝通的場合總是會有的，當一切自然而然地發生時，雙方的溝通才會自在舒適。

CHAPTER 2

被汙名化的電動遊戲並非你想的那樣

遭遇質疑是每一個新興媒介的宿命

我支持家長嚴格管理孩子使用電子產品——這本書的大部分篇幅都在討論這件事，但是我絕對不支持以暴力制止孩子使用電子產品。

就像暴君總會給自己殘暴的統治冠以一個非常冠冕堂皇的理由，比如：他管理的人很無知、他犧牲了自己才換回了被管理者的幸福、他認為被管理的人無法依靠自己做出正確的決定，家長們也會為自己對孩子做出的強迫式管理，給出一些不容辯駁的理由。但這些理由大部分都未經分析、溝通，不能構成強迫一個孩子不碰遊戲的合理性。

這麼多年來，不顧電動遊戲的形式、內容、時長，很多家長都自以為是地對孩子進行電動遊戲管理，而最主要的說詞之一，就是：只要是電動遊戲，就會讓孩子變壞。可是，這種很多人想當然爾的認知，究竟是從哪裡來的呢？

究其原因有：時代特點、電動遊戲產業初期發展的混亂，以及對新技術的恐慌。

被視為「電子海洛因」的時代

在中國，因為世紀之交時期各路媒體的推波助瀾，有一個將電動遊戲汙名化的現象，叫作「電動遊戲毒品化」。

這的確很有說服力，因為當時的電動遊戲在和孩子產生交集的過程中，真的很像毒品：它非常容易讓孩子迷上；如果不讓一個喜歡遊戲的孩子玩，孩子會很難受。還有一點非常重要：在個人電腦尚未普及的時代，想接觸電動遊戲，往往就需要去網咖、電子遊樂場等缺少監管的場所，而這些地方給人的感覺總是烏煙瘴氣，擠滿了不良少年。

二〇〇〇年，某報紙的一篇文章《電腦遊戲，瞄準孩子的電子海洛因》可謂重拳出擊，把當時的行業亂象攤上了檯面。記者在暗訪時發現，電動遊戲場所的老闆會使出渾身解數，慫恿學生待得越久越好，還千方百計地鼓勵學生嘗試更多遊戲。一個受訪的年輕人告訴記者：「這電動遊戲就是毒品，就是海洛因四號，不是我引誘他，孩子一旦迷上了，自己就會變壞。」遊戲場所的老闆也說：「整天待在這裡的孩子只有一個結果，男孩子最後變成搶劫犯、小偷，女孩子最後變成陪酒小姐。」

這篇揭露武漢地區電動遊戲氾濫的調查報導引爆了輿論。於是政府開始掃蕩當地的電動遊戲場所。武漢大學的某教授甚至指出：未成年犯罪是將來犯罪的增長點，說得嚴重點，這些場所是在培養犯罪的後備軍。該教授還建議運用法律手段，把那些黑心老闆重罰、重判。

媒體當時的措辭和輿論對於電動遊戲的反應，在我看來其實是可以理解的。畢竟，遭遇這樣的挑戰，幾乎是每一個新興媒介的必然宿命。在電影《海盜電台》裡，我們能夠看到搖滾樂曾經面對的質疑；在電影《黃金時代》裡，我們能夠看到中國新文人曾經歷過的磨礪；在電影《街頭痞子》裡，我們能夠看到饒舌音樂長久以來的不被理解。與這些挑戰類似，電動遊戲也無法規避來自外界的種種懷疑目光。

不過，很多人並不知道，其實電動遊戲剛剛進入中國的時候，形象還是很正面的。一九八八年之前，那是一個各城市、地區的「工人文化宮[1]」還屹立

1 根據百度百科解釋：工人文化宮是吸引和組織勞工開展文化活動的重要陣地，是勞工及其家屬進行文化活動的園地。

不倒的年代，電動遊戲作為一種新興的文化娛樂活動，出現在首都勞工與港澳工人聯歡的活動中，出現在中朝兩國年輕人相聚的現場中，也出現在首都教師遊園晚會的活動中。隨之而來的就是電動遊戲越來越流行。

但是，在傳統媒介的巨大身軀面前，你當小弟可以，一旦你想挑戰老大的地位，就必然會遭到壓制。於是，從社會學中「大眾社會理論」的角度來看，它打破了當時文化娛樂產業的既有局面，一旦流行開來，必然會對當時的社會秩序產生破壞，這有點類似於接種疫苗的當天，身體會因為免疫系統被啟動而有些不舒服。

而在種種陣痛的影響下，媒體與人們開始下意識地進行災難化的解讀：電動遊戲是引誘孩子墮落的禁果，遊戲廠商與從業者是張牙舞爪的騙子與罪犯，而孩子們只能成為茫然無助的待宰羔羊。遊戲靠著暴力、色情和聳人聽聞的內容，敲骨吸髓，讓青少年與真實世界隔絕，不再學習，停止成長。最終獲益的只有無良商家。

因此，電動遊戲必須被嚴格管制，而青少年必須被妥善保護，能不接觸遊戲就千萬別碰。

媒體報導的轉變

從小就開始玩電動遊戲的一代人，今天已經長大成人，甚至和我一樣為人父母。ESA（美國娛樂軟體協會）的報告中指出，如今的遊戲玩家，平均的「遊齡」有十四年。你要知道，這個數據統計分析的對象，還包括像我家大兒子這樣的五歲孩子，而他玩電動遊戲才一年的時間。所以，其實有很多遊戲玩家的遊齡已經接近三十年了（順便一提，我第一次玩電動遊戲是七歲）。當年社會擔心的情況並沒有出現，歸根究柢，是因為大家都在進步與發展——遊戲在自我淨化，玩家素質在提高，而媒體也不再那麼危言聳聽了。

從「電動遊戲」一詞來分析紙媒報導，有一個很有趣的發展趨勢。有一個研究專門檢索和分析了《人民日報》從第一次刊文討論電動遊戲，一直到二〇一七年所有涉及電動遊戲的文章，發現在一九八一到一九八八年間，只有兩則對電動遊戲抱持負面態度的報導（見第四十四頁的圖**2-1**、圖**2-2**）。

負面報導的集中出現始於一九八九年，並逐年增多，最終在二〇〇〇年達到頂峰。在一九九六年和二〇〇〇年，負面報導的佔比都超過了九二％。而從一九八九年到二〇〇一年，有過七年沒出現一篇正面報導，只有零星幾篇中性的討論行業變化的報導。這十幾年間，電動遊戲的形象經歷了一輪黑暗年代。

二〇〇一年以後，負面報導的佔比開始下降；二〇〇九年積極報導的數量暴增；而從二〇一〇年起，中性報導的數量也大幅增長，進一步擠壓了負面報導的數量與空間。在研究統計中，最近五年裡，正面、中性和負面報導的數量佔比分別是十二%、七五%和十三%。

媒體終於可以放下既有的成見，用「水能載舟，亦能覆舟」的視角來看待電動遊戲這個已經存在於報端四十年的老朋友。

越來越多的多元化觀點、更加深刻的針對性討論，以及不再一概而論地災難化解讀與電動遊戲有關的一切，不管是電動遊戲行業還是媒體，不管是被評價者還是評價者，這其實都是更加成熟的表現。

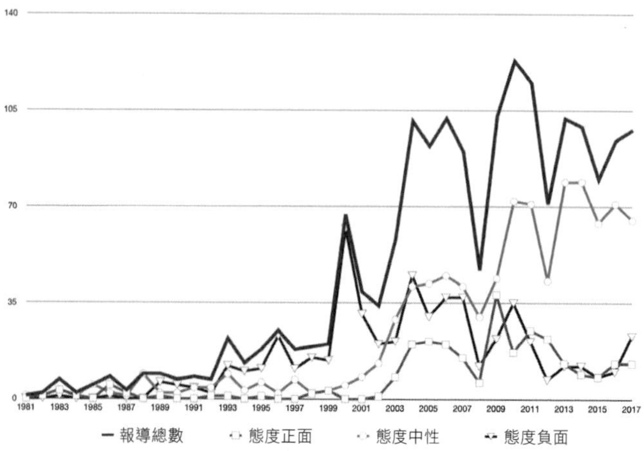

圖2-1　1981～2017年《人民日報》持不同態度的遊戲報導的次數

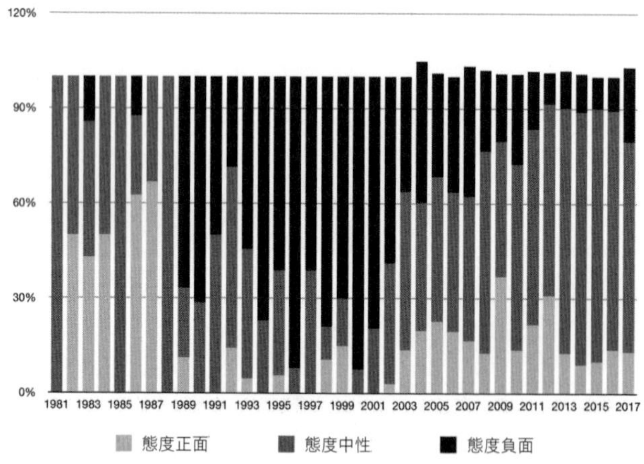

圖2-2　1981～2017年《人民日報》持不同態度的遊戲報導佔總數的百分比

資料來源：何威，曹書樂。從電子海洛因到中國創造：《人民日報》遊戲報導（1981～2017）的話語變遷[J]。國際新聞界，2018，283(5):59-83。

新技術容易引發焦慮恐慌

遊戲的原罪

在我爸爸當年扛著磁帶錄音機，穿著喇叭褲走上街頭時，我爺爺長嘆了一口氣。作為一名老知識分子，他不能理解年輕人為什麼要跟著「靡靡之音」扭屁股。

因為不理解，所以開始討厭；因為討厭，所以開始抗拒；因為抗拒，所以激發了親子間的衝突。在上一代人與下一代人之間，總是不乏這樣因不瞭解而產生芥蒂的情況，只不過在不同的時代，父母和孩子發生爭執的戰場不大一樣罷了。

每當新的技術產生，在其影響力增長、得到外界認可的層面上，技術能不能傳播甚至比技術本身的優劣更重要。

即使同樣是電動遊戲，當家長看到孩子在玩《瑪利歐》或其續作的時候，可能比較能夠理解一個大鬍子水管工鑽管道的樂趣所在，可是如果家長看到孩子在玩《要塞英雄》，卻很可能會皺起眉頭，就像我爺爺第一次聽到鄧麗君歌聲的時候一樣。《要塞英雄》混雜了角色扮演、射擊、團隊競技、建造、創造力等要素，不太能夠激發家長產生共鳴。

無法共情、缺少共鳴，就成了很多遊戲的「原罪」。這些遊戲本身並沒有問題，但是得不到擁有主流話語權的人、家庭裡的管理者、教養制度的決策者的理解。

家長為什麼總是批評孩子挑食，卻沒有人批評家長挑食呢？就是因為家長從來不會買自己不喜歡吃的菜。

恐懼來自於不理解

大人們往往都認為自己有自制力，但是擔憂新技術帶來的變革性力量，會讓孩子在成長的過程中迷失。

早在一八八一年，一位名叫喬治．比爾德（George Beard）的醫師就提出了一個理論來解釋美國人民為什麼壓力日益增加。他把罪魁禍首歸咎在新技術：這些新的便利讓生活節奏變得更快，比如鐵路和電報，甚至懷錶。比爾德說，懷錶激發了人們探知確切時刻的習慣，以免搭乘火車或約會遲到。哪怕是在今天已經落伍到不知上哪兒買的懷錶，都曾經因為太新鮮而引發社會的恐慌。

在美國，人們曾經擔心過汽車會使青少年與家人產生隔閡；還指控過漫畫、電影和電視會導致青少年早熟，甚至成為未成年犯罪者；甚至在十九世紀中期，那時的人們還擔心當時流行的廉價小說會損害讀者的智力發展，並增加他們潛在的反社會行為和犯罪率。當下的生化機器人、區塊鏈技術、基因工程其實也都面臨著類似的擔心與質疑。

就像把電動遊戲一竿子打死的道德恐慌一樣，這些都是人們在嘗試理解一種科技或文化趨勢的時候，因為思路頻繁碰壁，失去了本來擁有的控制感，所以對於技術以及媒介形式本身產生強烈的焦慮。這種焦慮往往與道德相關，因為焦慮的人其實也不太懂技術，道德更接近他們的主場所在。這樣一來，遊戲自然深陷這樣的話語體系：當有人沒辦法理解你時，他們就會說你連存在都是錯的。

英國社會學家大衛．岡特勒特（David Gauntlett）曾提出一個社會對新技術的適應循環模型，認為人們對於新技術的恐懼更多時候是被教會的，而不是來自自身的經歷與思考：新技術、新文化的出現會刺激一批人發聲抵制；這些抵制的聲浪，很容易被媒體進一步放大，於是公眾的焦慮被進一步刺激；這種社會現象會反倒逼著研究人員去進行針對性的科學研究，以期有效地緩解這種焦慮；研究成果自然有積極的，也有消極的，但人們會加倍重視那些能夠佐證焦慮的研究結果，致使焦慮進一步擴大。

這個怪圈會一直循環，直到技術走向成熟，對文化的滲透趨於穩定，大量的科學研究終於可以有效、多元地去解構這一技術，恐慌才會趨於平淡。現在你之所以能看到這本書，也是因為電動遊戲產業的發展走到了這一步，我們終於可以放下成見，正視對孩子的遊戲管理。

不要恐懼！在《星際大戰》裡，絕地武士尤達大師說過：恐懼是通向黑暗面的道路。

以開闊視角面對你可能不熟悉的遊戲

鴕鳥戰術無法真正解決問題

不管是新鮮事物遭遇質疑的宿命，還是人們對於新技術的集體恐慌，都比較宏觀。但家長們的視角，有的時候就是很微觀、很具體，因為誰家的孩子對誰都是百分之百重要。家長不一定會關心全天下所有的孩子，但肯定最關心自家的孩子。

所以家長還是會擔心：我家孩子就是因為玩遊戲不認真讀書啊！我就是擔心我家孩子玩遊戲會學壞！我家孩子在遊戲裡一天到晚打打殺殺，他出門真惹事了怎麼辦？

這些問題很具體，而正因為具體，才顯得現實。的確，當電動遊戲這議題落在自家孩子身上時，一切都變得鮮明而值得警惕。

成癮問題專家亞當・奧特（Adam Alter）在其著作《欲罷不能：科技如何讓我們上癮？滑個不停的手指是否還有藥醫！》中提到了這樣一種現象：許

多身在科技行業並且最瞭解新科技力量的人，其實不希望自己的孩子使用發源自新科技的各種電子產品。他們之中甚至有許多人把自家的孩子送到華德福學校，而這些學校普遍禁止在教室裡使用電子產品；他們在家裡也努力阻止孩子在十二歲之前使用電子產品。

蘋果公司創辦人史蒂夫．賈伯斯（Steve Jobs）就小心翼翼地去限制孩子使用電子產品，而且也不給孩子買iPad，縱然這是他自家的產品。美國《連線》（WIRED）雜誌的前總編輯克里斯．安德森（Chris Anderson）則在接受《紐約時報》採訪時表示：「我家孩子說我和我妻子就像暴君一樣管著他們使用電子產品，而我們自己卻過分地關注科技前線動態……那是因為我倆目睹過新技術有多危險。我自己體會過電子產品給我自己帶來的影響，而我不想看到這種情況有朝一日發生在我孩子身上。」

這種「鴕鳥戰術」其實無法幫助孩子解決當下的真正問題。

當你上幼兒園的孩子說全班同學都有某款智慧手錶時，當你上小學的孩子說全班男生都在討論《和平精英》（一款多人競技射擊遊戲）時，當你上中學的孩子加了你的社群軟體帳號但沒有向你開放他的朋友圈時，甚至當你上大學的孩子在脫離了你的管理之後，每天玩遊戲到深夜兩點時……在這種時候，把頭埋進沙子裡，假裝一切不存在，不僅沒有意義，還會耽誤了更要緊的事。

大多數美國孩子到七歲時，就已經在螢幕前花掉了整整一年時間。三到八歲的孩子每天暴露於螢幕的時間平均有七個半小時，別以為這個數字有多高，因為對十一到十四歲的孩子來說，這個數字還會暴增到十一個半小時。也許不同國家的孩子情況不同，但這種不可逆的趨勢意味著這一代人的大部分社會行為發展和認知發展都將透過一個個螢幕發生。

螢幕長期陪伴著年輕人，與此同時，許多父母卻對電子產品與自家孩子之間的相互影響充滿了不解——電動遊戲在這裡扮演了一個關鍵角色。心理學家亞當．彼特意識到了這一點，所以他專門建立了一個培訓專案來把孩子們正在使用的新技術教給父母們，這些技術包括線上社交、電動遊戲，甚至美顏相機。經過實踐，證明這個專案非常有用，因為在新技術使用方面，家庭要做出的決定和其他的育兒決策大為不同，究其原因，是因為父母對於孩子手裡的那個有螢幕的神奇工具，知道的實在太少了。

家長總在不自覺中讓遊戲「背黑鍋」

有一位在某個研究機構當教授的母親來找我，說她家十三歲的女兒已經休學在家一個月了，按照她的形容，女兒的狀態就是：反正也不上學，天天在家打遊戲。她和先生兩人都要上班，而且都是工作單位裡的核心要員，每天忙得天昏地暗，所以他們從老家請了親戚過來，每天給孩子做幾頓飯。

我和她談了談我的看法之後，她還是長嘆一口氣：「唉！你們要是有個訓練營什麼的，能讓孩子不玩遊戲了，花多少錢我都願意。」

這樣的觀點本身就投射著一種錯誤的態度：孩子的問題是遊戲導致的。而且總有某個很好的強制性手段，可以讓孩子不再碰遊戲。透過這一手段，孩子明天一早就會主動背上書包，快快樂樂地去上學。

但其實這是不成立的。就算沒有遊戲，孩子的問題依然存在，依然可能以其他方式來表達，例如結交幫派、酗酒、服用安眠藥成癮，甚至離家出走。

遊戲本身並不是這類家長需要關注的東西。他們需要關注的是孩子為什麼拒絕和父母溝通，為什麼不願意去學校，為什麼選擇生活在一個虛擬世界中，把自己和外界隔離開來，不和任何人交流。

如果一個孩子特別喜歡拉著父母親和他一起玩遊戲，這簡直就是個再好不過的訊息——這說明遊戲非但無法隔閡親子關係，還成為難得的世代間的交流媒介。

而如果孩子本身就不願意搭理父母，拒絕溝通，深陷於自身不被外界理解的心理問題，那麼哪怕沒有遊戲，他也有一萬種方式讓自己沉淪。面對這樣的孩子，就算你斷網、斷電，搶下他的手機，把他反鎖在一個全是世界名著的書房裡，也照樣解決不了問題。因為這本身就不是電動遊戲的問題，而是家庭教育的問題，是親子關係的問題。

這些家庭裡的家長意識不到這一點，為什麼？說白了，他們**缺乏與孩子交流的能力**。這也會導致家長在其他事情上誤會孩子，和孩子產生摩擦，讓孩子缺少心理上的真正關愛，於是親子關係就陷入了惡性循環。而電動遊戲或者手機，就變成了乍看下最強而有力的解釋因素。

馴化遊戲才能發揮正向作用

電子產品與當下孩子的童年有著太多的交集。面對這種交集，家長採用鴕鳥戰術是不行的，一味推卸責任也是不對的，那怎麼做才是合適的呢？

我們需要「馴化」技術，就像我們的祖先在一萬多年前把狼馴化成狗一樣。我認為，第一個敢馴化狼的人一定比第一個敢吃螃蟹的人更加勇敢。

「**馴化技術**」的概念，最早始於二十世紀九〇年代英國和挪威的傳播學研究。只不過那個時候，需要馴化的是野蠻發展的電視廣告行業。對於技術的馴化涉及要如何使用與表現技術、如何根據我們的需求重新調整技術，以及如何更好地去影響技術的後續發展。面對新技術，確定如何使用、在什麼時間使用、誰去使用、誰在什麼情況下不能使用……這都是技術馴化。

在家庭中的管理來說，「如何不讓孩子玩遊戲」根本就上升不到需要討論管理技術和溝通藝術的層面，因為這樣的態度本來就有些膚淺。唯獨更加深刻地去探討馴化的可能性與方式才有意義。

那麼，電動遊戲能被馴化嗎？或者值得被馴化嗎？

在反對觀點中最突出的一點，當屬「一玩遊戲就學壞」，最典型的就是暴力遊戲會讓孩子們學會暴力。在這樣的觀點影響下，試圖馴化電動遊戲，就有了與虎謀皮的味道。你可能看到過不少論文論證了這一點。沒錯，但這些研究基本上都來自二三十年前。而從更貼近當下的資料以及更科學的研究方法來看，這個論證不一定能成立。

二〇一九年七月底到八月初，在一週內，美國發生了四起槍擊案，發生地分別為加利福尼亞州吉爾羅伊市、密西西比州南黑文市、得克薩斯州埃爾帕索市、俄亥俄州代頓市，共造成三十四人死亡、五十人受傷。之後，美國前總統川普發表了演講，點名批評電動遊戲：我們必須停止在社會中美化暴力，這就包括遠離當前四處可見的、可怕又討厭的電動遊戲。

乍聽之下這是說得通的，雖然事實未必如此。

同年，一項針對校園槍擊案的研究直接點出電動遊戲並不是罪魁禍首。這項研究指出，當校園槍擊案的凶手是有色人種時，媒體就會高度渲染行凶者的移民身分，很有「非我族類，其心必異」的意味。可一旦凶手是白人，媒體卻又不約而同地開始指責是暴力遊戲讓這些好孩子學壞。該項研究並分析了與兩百零四起校園槍擊案有關的二十多萬篇新聞，結果顯示：當凶手是白人時，電動遊戲被討論的頻率約為凶手是黑人時的八點三五倍。

所以，到底是誰該為校園槍擊案負責？膚色還是遊戲？歸咎於某個社會大眾評斷的客觀原因，總是最省事的。我們暫不考慮種族的因素，單單說電動遊戲的負面影響，其實也沒有媒體與政客想的那麼嚴重與絕對。

美國史丹森大學心理學教授克里斯．弗格森在二〇一五年進行了一項分析，他綜合分析了一百零一個研究的整體資料，結果發現暴力遊戲對兒童的攻擊性、情緒困擾、社交活動減少與成績變差等均沒有顯著影響。

二〇一九年一月，英國皇家學會也發表了一個關於這個話題的研究。來自牛津大學與卡迪夫大學的研究人員發現，青少年的攻擊性行為和暴力遊戲之間並沒有顯著關聯。研究還進一步論證，前人的大量研究成果，頗有「帶著既有結論去倒推」的嫌疑，這樣做研究，很有「當手上只有榔頭，看什麼都像是釘子」的感覺，所以最終才有了「暴力遊戲導致暴力行為」的論證。

中國西南大學心理健康教育與社會適應實驗室的劉衍玲教授所帶領的團隊，二〇一九年在《心理科學進展》期刊上也發表了一項元分析研究，並提出這樣一種可能性——暴力遊戲之所以會讓有的孩子出現攻擊性行為，主要是開啟了玩家本身在行為上的「暴力開關」。因為有很多研究發現，如果玩家本身並不存在對暴力的認同，玩暴力遊戲也不會讓他們產生暴力行為，甚至他們會反感與規避這些暴力遊戲，那就更談不上遭受負面影響了。

不過在我所接觸到的資料裡，最有說服力的來自專門討論暴力遊戲的著作《道德之戰》（Moral Combat），這本書的作者之一是維拉諾瓦大學的心理學教授帕特里克·馬奇（Patrick Markey）。他指出，在二〇〇五到二〇一二年間，有七〇%的年輕人喜歡玩電動遊戲，但如果我們分析槍擊案凶手的個人特點，會發現，只有二〇%的凶手對電動遊戲感興趣，反而有超過六成的凶手有過自殺意願、被校園霸凌的經歷、階段性情緒低落。很明顯地，傾向於採用極端暴力去解決生活困擾的人是某一群人，而這群人最大的問題顯然不在玩不玩電動遊戲這件事上。

不過我另有一個更加保險的想法，專門應對家長們「不怕一萬，就怕萬一」的觀念：我們先不管影響機制，既然暴力遊戲的存在風險尚未明確，那我們不要讓孩子玩暴力遊戲不就好了？好遊戲那麼多，何必非要玩打打殺殺的遊戲呢？畢竟，我們需要做的是去馴化技術。

二〇〇九年，愛荷華州立大學的道格拉斯．簡特爾（Douglas Gentile）教授主持了一項經典的跨文化研究，探討了透過某種類型的電動遊戲，能不能讓美國、新加坡、馬來西亞、日本、荷蘭的孩子，培養出利他、助人、同理心等社會化行為。結果很樂觀：好遊戲對好行為有著顯著的促進作用。而二〇一六年，一項針對中國杭州兩所小學的研究發現，親社會性的電動遊戲同樣能夠顯著減少小學兒童的攻擊性行為，且男生比女生更容易受影響。

非但如此，中國當下正在緊鑼密鼓地進行一系列關於親社會性的遊戲影響機制的研究，學界已經達成了一致想法：讓孩子接觸親社會性的遊戲，真的可以有效幫助孩子投入社交。

雖然對電動遊戲的馴化看上去很值得期待，但並不意味著電動遊戲的各種元素都能被全盤接受。一如狼在被馴化成狗的過程中，有的變成了吉娃娃，有的變成了藏獒，還有的一直沒變成狗，直到今天也還是狼。

也許孩子們因為涉世未深，無法明確分辨各種遊戲的優劣，但是作為家長，應該對電動遊戲和遊戲玩家也就是自己的孩子多一些瞭解。唯有這樣，才能更妥善地去管理子女。

對於以電動遊戲為代表的新技術，真正成熟的觀點不是盲目樂觀，而是以帶有複雜性的視角去看待這些本就複雜的事物。如果持全盤否定的態度，馴化就無從談起，但我們也不能照單全收，需要思考的是可以從哪些角度馴化遊戲，以及如何加速馴化的過程，以達到幫助孩子們在遊戲中成長的目的。

親子問題相談室

「孩子玩的遊戲裡，多少都有一點暴力的內容，我擔憂孩子會有樣學樣，怎麼辦？」

學界還在爭論電動遊戲中的暴力內容到底對孩子的成長有什麼樣的影響，可是我們並不能乾等著科學家拿出結論才著手管理。雖然我堅信，一個沒有潛在問題的孩子，是不太可能純粹因為玩遊戲而變壞的。但的確在有些遊戲中，暴力的成分與表達方式會超過低齡孩子適合接受的範圍。

河豚雖有毒但能吃，甚至好吃。可是如果你不會處理，或者心裡還是惴惴不安，那不吃就好了。天底下又不是只有這一種魚。

同樣的道理，並不是只有血肉橫飛、打打殺殺的遊戲才是好遊戲，還有非常多的遊戲中並沒有過度渲染的暴力成分，不需要一竿子打翻一船人，大可以有選擇性地讓孩子玩到優質的遊戲。甚至還有一些遊戲內建了暴力內容的開關，如果家長覺得不合適，可以不讓這些暴力內容呈現出來。

除此之外，我們還要知道孩子玩的遊戲在分級系統中被歸屬到哪個類別，若給一個六歲的孩子玩一款在分級系統中適合十七歲以上玩家的遊戲，無論如何都是不合適的。關於遊戲分類及分級系統的進一步資訊，你可以在本書的第五章中找到。

「既然連賈伯斯都不讓孩子玩iPad了，我為什麼還要讓孩子去碰電子產品呢？」

像賈伯斯這種科技界大咖雖說是技術領域和他們所在行業的專家，但他們並不一定是親子關係和兒童發展專家。在為人父母這件事上，他們不一定比普通家長更高明。

你也許見過某個行業的從業者，可能是醫師、教師、警察，會堅決地反對自己的孩子也投身同一行業（當然也有很多人會非常期待孩子也幹自己這一行）。的確，從事這一行可能會讓你看到更多外界所觀察不到的挑戰與問題，但是這世界上做哪行不會碰到問題呢？孩子們就算沒在這裡遇見挑戰，也遲早有一天會遇到靠自己才能搞定的問題。重要的是在應對這些挑戰的過程中，他擁有對於自身能力的認知，也鍛鍊了自我管理的能力。

在電動遊戲管理上也是同樣的道理。諱疾忌醫的心態，是解決不了實際問題的。

CHAPTER
3

透過玩電動遊戲提升四大能力

用遊戲促進成長不是偽命題

「不得不做」的「合理指導」

電子產品在今天兒童的日常生活中，地位一直都很尷尬。它不可或缺，不管是看動畫片、聽故事，還是近幾年很盛行的線上外語教學課，都離不開電子產品。同時，它又帶來很多煩惱，甚至在臨床上出現「網路成癮」的心理疾病，無處不見玩著手遊的孩子，甚至有兩三歲的小朋友必須「吃飯配動畫」。

出生在資訊科技浪潮中的新一代孩子，難免會有著不同於他們父母的成長軌跡。我家大兒子兩歲半的時候，在電梯的牆壁上看到廣告框，第一反應是下意識地戳一戳。當時我看他有這樣的行為很不解，但很快就反應過來了，他見過的所有差不多大小的彩色平面基本上都是觸控螢幕。自然而然，在看到那幅廣告時，他想當然地就想試試能不能滑一下。

電子產品與孩子童年最大的交集，也是家長最頭疼的孩子使用電子產品的場景，想必就是玩電動遊戲了。家長們往往可以理解遊戲對於孩子來說是好玩的，但遊戲除了「好玩」之外，難道就一無是處嗎？

遊戲與成長並非南轅北轍，不僅如此，如果能夠合理指導孩子玩遊戲，遊戲甚至能夠帶來巨大的成長助力。這種「合理指導」對今天的家長而言，甚至不存在「要不要做」的問題，而是「不得不做」的行動。

在資訊時代，你不讓孩子碰電子螢幕？這不實際。但你不約束孩子用電子產品？那孩子的行為就容易走向失控。

《遊戲改變世界，讓現實更美好！》一書的作者暨遊戲設計師簡．麥戈尼格爾從不掩飾自己對電動遊戲的執著倡導，他認為人們透過玩遊戲可以廣泛開發四個有用的特質：

①動力感：立即採取行動去克服障礙的願望，同時堅信自己可以成功。

②社交能力：研究表示，在我們與別人玩遊戲之後，即使贏的是對方，我們也會更喜歡他們，這是因為一起玩遊戲會建立信任感。

③投入感：我們更樂於努力贏得勝利，而非放鬆或閒逛。

④意義感：玩家更喜歡投身於那些令人敬畏的巨大任務。

麥戈尼格爾說，這四個超級影響力能把人塑造為「被賦能又心存希望的個體」。不難想像，如果我們從孩子自身的成長出發，去有效引導這些力量，那我們的孩子一定能走上非常棒的成長道路。一個有動力、與人為善、做事專注、有宏觀目標的孩子，難道不值得我們下功夫去培養嗎？

從心理學的視角看遊戲

讀完上面這一小節，我想你肯定也會懷疑這種可能性——玩遊戲的時候這樣，做其他事的時候可未必這樣！的確，麥戈尼格爾的理念和想法最近很流行，但我們也不得不承認，其中稍有一點一廂情願的味道。好在最近十年，大量的心理學研究已經證明，透過遊戲促進成長並非說說而已。

心理學這個學科，完全可以勝任遊戲和孩子之間的中介角色。

我上大學時，就希望能用心理學的技術探討一些遊戲中的現象。那時候，我玩《魔獸世界》，基本上所有的課餘時間都被我花在艾澤拉斯，也就是《魔獸世界》的故事所發生的那片土地上。

當時我還向我的教授提報了這樣一個學術選題：什麼樣的人格特質，會導致男性玩家在遊戲中男扮女裝？也就是說，玩家本人是個不折不扣的男性，但在遊戲世界裡，是什麼樣的原因導致他選擇了女性角色呢？

這個選題在當時太超前了，整個小組除了我，沒有一個資深玩家，大家並不覺得這是一個能拿得上檯面的問題。選題最終沒通過，但心理學對遊戲的探究潛力可見一斑。今天，心理學和它所代表的學術視角依然影響著我。影響了我在教養中的決策，以及我和孩子之間的關係。

好在，最近十幾年間，關於電動遊戲對兒童成長之影響的研究已經有了長足的進步。曾經有不少研究都認為電動遊戲會給孩子帶來負面影響，但這其實都已經是老掉牙的觀點了。今天的遊戲種類繁多，對孩子的影響也遠遠超越了大多數家長和教育從業者的想像。

對孩子來說，遊戲能夠帶來的成長，主要集中在四個方面：

①**認知**：玩遊戲的確可以達到寓教於樂的效果。

②**情緒**：很多遊戲對於緩解壓力和改善情緒有良好作用。

③**社交**：遊戲給孩子提供了交友的平台，還可以促進孩子社會化。

④**創新**：孩子的創造力與心流體驗，都可以透過遊戲得到開發。

以上這些好處，並非憑空想出來的，而是獲得確鑿研究論證的。

認知力——遊戲鍛鍊大腦高效分配注意力

動作遊戲也能讓孩子「學到什麼」

家長們經常能見到孩子玩這樣類型的遊戲：拿把槍，突突突。至於子彈射擊的目標，有可能是其他的玩家，有可能是遊戲裡設定的敵人，還有可能是成群的外星怪物。很多家長非常反感這類遊戲：「一天到晚殺殺殺，殺來殺去，你能學到什麼？」

玩這些遊戲，孩子的確可能學不到什麼知識層面的東西，但是有一些非常重要的大腦功能透過這些遊戲可以得到訓練。這不就是「學到什麼」了嗎？

比如，這類遊戲可以幫助孩子學會更有效地分配注意力。在所有這類遊戲中，玩家都要一方面專注於自己的核心目標，另一方面留意螢幕上可能出現的額外敵人，這對於孩子的認知能力和注意力都有著極大的挑戰。

遊戲中，與核心目標有關的注意機制叫作「集中式注意力」，與螢幕中的大量敵人和飛濺的彈藥有關的注意機制叫作「分散式注意力」。如果你只採用前者，緊盯著通關終點不放，你就不能活著衝到終點；但如果你只關注後者，你又喪失了根本目標，只會毫無策略地原地開槍。

所以，要想闖關成功，你就必須要做到**將注意力高效率地合理分配**，既留意重要的關卡任務，也要關注隨時發生的突發事件，此外，因為遊戲的快節奏，這一切挑戰都會發生在一定的壓力感受之下。對應在日常生活中——開車、踢足球、公眾演講，甚至考試，其實都涉及這種注意力的高效分配，掌握了這個技能，才會在這些活動中有絕佳的表現。

相較於普通人，經常玩這類遊戲的玩家，大腦中負責注意力調控的多個區域會更加活躍，包括負責維持注意力的背外側前額葉皮層、在不同目標間切換注意力的頂葉皮層，以及監測人體自身行為的扣帶皮層。

‧‧‧‧‧‧‧‧遊戲就像大腦的跑步機‧‧‧‧‧‧‧‧

二〇一八年，《科學美國人》發行年度專刊《大腦之謎》，其中特邀日內瓦大學的認知神經科學家達芙妮．巴韋利埃（Daphne Bavelier）撰文，深度探討了電動遊戲如何作用於大腦中與智慧相關的神經機制。

在過去的十五年間，這一領域的研究越來越多，科學界已經達成了基本共識：動作類電動遊戲的確可以提升某些認知能力。

比如威斯康辛大學的心理學家肖恩・格林（Shawn Green）在最近的研究中發現，玩電動遊戲可以提升人的多項認知能力。比如經常玩動作遊戲的人，眼睛更容易注意到一些細節，這在審題、閱讀論文或是看藥瓶上的小字時，都十分有用。與此同時，這些玩家的視覺對比敏感度也比常人更高，這有助於人們在濃霧中安全地駕駛車輛。除此之外，動作遊戲玩家的空間想像能力也更強，可以更輕易地在大腦中旋轉3D物件。

除了注意力之外，遊戲玩家的多工處理能力也不錯，這可以幫助他們在日常生活中應對那些不得不一心多用的場景，以及在學校或職場中更能同時兼顧多個不同的任務。

玩電動遊戲之所以能提升某些認知能力，是因為玩遊戲所涉及的腦功能區，與日常生活中很多認知活動所涉及的腦功能區高度重疊。

從這個角度來看，電動遊戲宛如是「大腦的跑步機」。你在跑步機上跑一個小時，有什麼意義呢？本質上還不是在原地踏步嗎？但你其實很清楚，跑步機的意義並不同於自行車，並不是讓你快速位移，它的意義在於改善你的身體狀態，保持身體機能運作的良好水平。遊戲對於大腦，也是同樣的道理。

情緒調節力——遊戲提供情緒體驗並強化抗壓力

優質遊戲會激發情緒感受

玩遊戲對孩子成長的另一個助力，在於調節情緒感受與緩解壓力。不管是打撲克、下象棋還是打麻將，人們喜歡的重要原因之一就是「好玩」。而好玩這件事其實並不單純，它不僅僅有放鬆的成分，同時也必須有一些緊張刺激的要素。好玩的遊戲一定是能啟動玩家情緒、情感的遊戲，而優質的遊戲也會透過激發孩子的情緒感受，幫助孩子獲得多樣化的情緒體驗，甚至排解壓力。

透過電動遊戲來緩解壓力、紓解情緒，這些我們都能輕易理解。如果你玩過《仙劍奇俠傳》或者《柏德之門》這樣的老遊戲，你甚至會發現，遊戲劇本闡述了一個宏大的世界觀，講了一個很精彩的故事，玩過之後，你會像看了一場精彩的電影或者看完一本世界名著一樣，有內心悸動的感覺。當然，這樣的遊戲今天依然有，比如《生化奇兵：無限之城》和《異塵餘生》都完成了一種頗有美感和底蘊的敘事。

牛津大學網際網路研究中心於二〇一七年在《心理科學》上發表了一篇論文，探討了青少年接觸電子螢幕的時間長短與主觀幸福感之間的關聯。其中一個重要的研究話題，就是接觸電動遊戲對幸福感程度的影響。研究最終發現，在週末接觸電動遊戲且時長在三個小時之內，可以有效地提高青少年的主觀幸福感程度，在需要上學的時候，這個時長會下滑到兩個小時。此外，與其他接觸電子螢幕的方式，比如看動畫片、滑手機和上網相比，遊戲對情緒功能的改善效果是最好的。從資料來看，上學日玩兩個小時遊戲的影響最大，能讓孩子的主觀幸福感提高大概六%。

遊戲也能提升抗壓力與意志力

事實上，遊戲給情緒帶來的影響不止於此。幫助玩家鍛鍊抗壓力，也是遊戲的一個重要情感功能。

經常玩遊戲可以讓人對突發壓力事件更敏捷地做出反應。有實驗發現，透過玩動作類電動遊戲，受試者的反應時間可以縮短一〇%。與此同時，反應時間的縮短並不意味著行為精確度的降低。哈佛大學主要的教學醫院貝斯以色列女執事醫療中心的一項研究發現，如果腹腔鏡外科醫師每週能玩超過三個小時的電動遊戲，在手術中的錯誤就會比那些不玩遊戲的同事少三七%。

一個打遊戲認真的孩子，起碼具備了「認真對抗壓力」的能力，他可能只是不願意把這種能力用在課業學習上罷了。但是我們必須要承認，這種能力是一種很重要的優質技能，並且不少遊戲對培養此能力有著顯而易見的好處。

這些遊戲中，最典型的就是一些既需要動腦子，又不一定一次就能成功過關的遊戲，比如《傳送門2》。這是一款要求玩家利用一系列工具找到密室出口的有趣遊戲，既有趣味性，又考驗智力。有研究發現，玩《傳送門2》會讓玩家在問題解決能力、空間技巧和意志力方面有更好的表現。當年你在玩《魂斗羅》的時候，有沒有費盡心力堅持破某一關的經歷？這種不達目的誓不甘休的精神也能被遊戲培養出來。

現在的很多遊戲其實都具備這種特質，尤其是一些解謎類遊戲，它不涉及暴力，也不涉及複雜的劇情，可能只有幾個簡短明晰的規則，但卻有著千變萬化的可能。要想通關，就要有維持正向心態、保持好狀態的能力與水準。

如果一個孩子能夠在《紀念碑谷》這樣的益智遊戲中有上乘的表現，那他除了是個聰明孩子之外，我相信，也一定是個耐得住性子、堅韌不拔的孩子。

社交力——遊戲世界就是個真實的社交環境

當然，你可能是一個開明的家長，你也許覺得孩子可以適度、適量地玩電動遊戲，但仍認為少接觸線上遊戲還是最好。花錢不說，也容易讓孩子交到壞朋友，學到壞習慣。

我必須承認，這個風險是有的。但是每一個家長也必須承認：多人線上遊戲已經成為當代兒童、青少年的重要社交媒介。從前文提到過的皮尤研究中心釋出的報告來看，我們其實不難得出這樣的結論：在當下小朋友的生活中，遊戲扮演了一個非常重要的提供「共同語言」的角色。

從當年我和我爸在遊戲機上玩《瑪利歐醫生》，到今天我可以和昔日的大學同學相約一起玩《魔獸世界》，電動遊戲始終發揮著支撐社交的功能。而相較於運動、旅行、下午茶會等活動，電動遊戲的社交屬性還有很多獨有的特點。

《交往在雲端：數字時代的人際關係》的作者暨美國堪薩斯大學的傳播學教授南希．貝姆提出了七個區別不同社交媒介的元素：互動性、時間結構、社交線索、儲存、可複製性、可及性、便攜性。

社交媒介的元素一：互動性

電動遊戲的互動性是非常強的。在我上小學的時候，流行找「筆友」，也就是寫信給遠方的一個其實不怎麼熟悉的同齡人，然後翹首盼望對方回信。而如今我大兒子快上小學了，我已想不起自己上次寫信、寄信是在多少年前。

這其實就是因為傳統信件作為社交載體，互動性是比較差的。但是在電動遊戲的平台上，互動性往往非常多元與高效，比如在《瑪利歐賽車8》這樣的遊戲中，玩家之間可以彼此使用各式各樣的有趣道具，而道具的使用伴隨著賽程的進展，可以直接促進玩家之間的口頭交流和情感交流。憑藉著電動遊戲，玩家之間有很多可以交流的內容和即時的交流管道。

社交媒介的元素二：時間結構

時間結構指的是你的交流能不能得到及時、快速的回饋。再拿「交筆友」這件事來說，能談的東西太少、範圍太窄，是互動性差，而動輒要等上兩三天才能知道你之前寫給對方的東西能得到怎樣的回饋，就是時效性差。而在電動遊戲的平台上，行為和互動往往能夠得到非常快速且高效的回饋。

像《英雄聯盟》這樣的遊戲，有點類似於籃球比賽，是五個玩家和另外五個玩家的對抗。在遊戲的中後期，一般會產生數次高強度的大規模對抗，而這些對抗的持續時間可能僅僅不到十秒。在這短短的十秒裡，每個人都要進行非常多的細緻操作，而且對於團隊成員之間的配合也有著極高的要求。而如果團隊的配合很有默契，贏得了「團戰」的勝利，就會強烈促進玩家們對彼此的評價與認可。這便是良好的時效性給社交帶來的影響。

如果你還是沒辦法理解，那不妨想像一下在打麻將的時候，你的上家坐了一個不管摸牌、打牌、碰牌、吃牌都要先猶豫十幾秒的慢性子，你會不會覺得很崩潰呢？

社交媒介的元素三：社交線索

社交線索，指的是人在社會交往的過程中，能不能更加完整地接受對方所表達的真實資訊。

在人們進行線上交流的初期，這是一個大問題。在剛剛開始使用手機的時代，誰沒經歷過誤解簡訊「語氣」的情況呢？那個時代，連彩色螢幕的手機都沒有，絕大多數手機都發著一種有點詭異的綠色螢光。比如你要加班，給老婆發了個簡訊通知，對方回了簡單的一個字「好」，這個時候，你所擁有的社交線索是很少的。你其實並不清楚老婆是真的同意了，還是帶著一點生氣，甚至是很生氣地故意在說反話，等著你去領悟。在這樣的基礎上，有的人開始習慣性地使用像「～」這樣的標點符號來表達態度，也慢慢出現了像「：）」這樣的顏文字，以至於到了今天，表情符號塞滿了大家的手機。

很多電動遊戲在社交上都有著富媒體化的表現，會透過各種互動方式來進行社交表達，眾多的多人線上角色扮演遊戲都有著很完善的表情與動作系統。在蘋果公司公佈的二〇一九年度應用中，遊戲《sky光．遇》斬獲「年度遊戲」這一獎項，而它正是一個在「社交線索」上很有特點的遊戲。

在這個遊戲中，你可能會碰到不同的玩家，但是玩家之間必須在友好的互動過後，才能開啟文字交談。而在其他大多數遊戲裡，都是彼此有個大概接觸之後，人們就開始進行個人的交流，但這之中有個很大的風險：很多時候，人們之所以要開口或留言，其實是因為出於種種原因要開始相互攻訐了。但是在《sky光．遇》中，有彼此點燃對方的蠟燭、牽手、擁抱、擊掌的設定，而必須有過友好的認可之後，才能開啟遊戲內的文字交流。

玩這個遊戲的頭五分鐘裡，我碰見了兩個路人，我們彼此點燃了對方手中的蠟燭，然後不約而同地向同一方向奔跑而去。說實話，這種體驗我在其他遊戲中還真沒遇過。沒有用語言，純粹利用互動，也造就了默契的社交。

一位六十七歲的老人曾給這個遊戲的製作團隊發了一封感謝信，表示自己未曾玩過遊戲，但是在《sky光．遇》的雲端王國收穫了莫大的感動，並重新找到了愛與被愛的感覺。這正說明了，電動遊戲對個人的社交理念及體驗，往往能帶來全然不同的影響。

社交媒介的元素四＆五：儲存與複製

至於儲存與複製這兩個元素，指的是社交平台上資訊的留存和進一步傳播的能力。如果你願意，你可以在換手機的時候，留存舊手機上所有的聊天記錄到新手機上，這便是儲存與複製的典型實踐形式之一。

但電動遊戲可能會以其他的形式，把發生在這個世界中的故事，用另一種形式留存下來、傳播出去。

比如在《魔獸世界》中，每一個選擇「牛頭人」作為自己種族的玩家，都會在等級很低的時候，接到一個叫「凱雷失蹤了」的任務。任務很簡單，就是幫一個名為阿哈布・麥蹄的NPC（非玩家角色）找回他丟失的小狗凱雷。

這個任務沒什麼前置條件，也沒什麼後續任務，給的獎勵也談不上豐厚。但是我每次建立一個新的「牛頭人」角色時，都會認認真真地把這個任務做完。因為這個任務其實是一個值得尊重的玩家留給世界的遺產。

伊薩・查特頓是一個被單親爸爸撫養長大的孩子，也是一個患有惡性腦瘤的人。他的爸爸在《魔獸世界》剛剛釋出的時候就很感興趣，只是家裡經濟狀況不太樂觀，所以一直沒有辦法購買能用來玩遊戲的電腦和遊戲帳號。禍不單行，一場突如其來的大火燒毀了伊薩所有的玩具，後來他和爸爸共同決定，用有限的經費重建家園，其中就包括購買一臺電腦和網際網路的服務，再買一個《魔獸世界》的帳號，兩個人一起玩。

從此以後，這對父子的關係變得比之前更加親密，不僅討論遊戲中的各方面內容，也會共同探討生活與未來。

只不過伊薩的病一天比一天重，必須承受著一連串的治療，而在某次陷入昏迷然後在醫院甦醒後，他只有一個要求：玩《魔獸世界》。《魔獸世界》的研發公司暴雪娛樂在得知這個訊息後，馬上安排了讓伊薩前往暴雪總部的行程，全程由當時的遊戲總監傑夫瑞・卡普蘭陪同。

伊薩花了一天的時間，設計了一把遊戲中的高階武器、一個NPC和與這個NPC有關的任務，還為NPC錄製了專門的語音。這個NPC就是阿哈布·麥蹄，而他要找的那隻狗，原型就是伊薩本人的寵物狗凱雷。這並不是玩玩而已，武器、NPC與任務，在全世界的《魔獸世界》伺服器都上線了。

在行程的最後，暴雪娛樂把伊薩和他爸爸的遊戲角色升級到了七十級（當時的滿級），給了他遊戲中最好的裝備和大量的遊戲貨幣，甚至還暫時給了他遊戲管理員的許可權，這樣他就能自己去體驗當時遊戲裡最厲害的魔獸是什麼樣子的，而且有了秒殺它的能力。

這一天的行程讓伊薩很疲憊，但更多的是興奮。他想在未來成為暴雪娛樂的員工，並加入測試團隊。但是，現在的他必須要回家養病了。然而，不到一年後，伊薩的病情急劇惡化，因為腫瘤的緣故，他出現了視力上的障礙，右半邊身子也動彈不得。最終，他在家附近的醫院去世，年僅十二歲。

雖然伊薩過世了，但是直到今天，每一個《魔獸世界》的玩家，都可以在血蹄村看到一個向你招手，讓你幫他找小狗的NPC，還能聽他和你對話，那就是這個孩子曾經存在於這個世界上的證明。

伊薩去世後，他的父親特地寫下了這樣的追悼文：

我寫作此文的動力，源自巨大的痛苦。伊薩的去世是一個悲劇，他再也無法做他想做的事，再也無法發掘自己偉大的潛力了，這也無疑是整個世界的損失。我願以他為楷模。當病痛將他束縛在輪椅上時，他就開始體驗《魔獸世界》；當光明也被奪去時，他便享受音樂、和寵物玩樂或嘗試美食，甚至指揮我繼續扮演他在遊戲裡的角色。他的理念是，當病痛把他的世界變得越來越小時，他就更緊密地擁抱生活。他對生命的美好渴望，是我所難以企及的。

我想，紀念我愛子的最好方式，莫過於學會像他那樣熱愛生活。

這將是一個漫長的過程，因為我的至愛已經消逝，但伊薩一定樂於看到我的努力。《魔獸世界》的社群一直以來給予我們最大程度的關懷，在這裡我希望他們也能向生活的真諦更進一步，以此銘記我的伊薩。

伊薩的病痛和逝去是一個悲劇，病魔竟如此輕易地擊碎了我們的生活，但伊薩面對病痛表現出來的鬥志，也讓我明白了人的意志是如何超越病痛折磨的。

全球的《魔獸世界》玩家給予我們的關愛、那些素昧平生的拳拳之心，深深打動了我。病痛可以摧殘身軀，卻不能動搖一顆堅不可摧的心；腫瘤可以摧毀大腦，卻無法撼動昂揚的鬥志。

我深愛的兒子，他是伊薩．鳳凰．查特頓，他是獵人ePhoenix，他是法師Squirlanator，他離我而去，留下無限哀思。

請記住我的兒子，他是一個好孩子，一個聰穎而熱忱的孩子，一個《魔獸世界》的死忠粉絲，一個愛吃糯米布丁和奶油拌麵的孩子，一個在無盡痛苦中仍不忘微笑的孩子。

也請記住暴雪的關懷和《魔獸世界》社群的關愛。沒有這些饋贈，伊薩與病魔對抗之路恐怕會更為曲折。

感謝所有曾幫助過他的人。

你真誠的

米卡．查特頓

從二〇〇九年開始，《魔獸世界》在每年的春節期間，都會讓一個牛頭人NPC出現在特定的區域，他的名字就是「長者伊薩．麥蹄」。他身著中式服裝，形象與伊薩生前的遊戲角色完全一樣。二〇二〇年春節，我造訪這位NPC，發現他還在那裡，身邊還有一隻小小的鳳凰，預示著浴火重生的美好期待。

這種社交的溫度與力量，依託於遊戲的技術手段和人文關懷，得以更好地留存與傳播。

社交媒介的元素六&七：可及性和便攜性

媒介還有兩個元素，即可及性和便攜性。電動遊戲近年來在這兩個方面也得到了很好的發展。

電腦與手機的普及影響了社交上的可及性。我們都曾經體驗過與某個舊友失去了聯絡，而原因僅僅是雙方各自換了幾次手機號碼而沒有及時相互知會。但資訊科技和大數據技術可以解決這個問題，讓雙方的聯繫、交流更暢通，並為共同參與電動遊戲提供更好的基石。

至於便攜性，更是有目共睹。可移動電子裝置的效能在持續提升，任天堂的遊戲終端Switch甚至在便攜裝置上設計了兩個手把，讓玩家在有需要的情況下，能夠立刻就地開始多人遊戲。

作為一種促進社交的媒介，電動遊戲很明顯是完全夠格的，它足夠複雜、多元、有包容度、易觸達，高度接近真實生動的社交環境。

創造力——高度投入的心理狀態激發創新靈感

遊戲是誘發「心流」的極佳環境

遊戲中有一個非常重要的類別，叫作「益智遊戲」。從當年諾基亞（Nokia）舊款手機上自帶的《貪食蛇》，到經典的《祖瑪》和《寶石迷陣》，再到前幾年很火的《2048》，都屬於這個類別。但是遊戲到底能不能「益智」呢？很多玩家口中的「越玩越聰明」，到底有沒有可能呢？

從認知功能的角度來說，我們前面已經講得很清楚了。但是人聰明的另外一個重要表現，就是「有創造性地解決問題」。很多人都知道，不同的遊戲關卡，會促使玩家想辦法克服困難以順利過關，這對於創造力是一種鍛鍊。這個道理很淺顯，我想不用講大家也能明白。

我想闡述的是，遊戲給創造力提供了一種非常好的土壤：**心流**。

玩遊戲是非常容易讓玩家產生心流體驗的，不管是電子的，還是非電子的。我爸的一個朋友，外號「棋瘋子」，就是個下起象棋來沒日沒夜的人；我的一個表哥熱愛打籃球，不怕晒、不怕冷，只要有人叫打球，換了鞋就走，就像能連著玩幾個小時《文明帝國VI》的我一樣。

雖然我們選擇了不同的遊戲型態，但遊戲提供了我們同一種心理體驗：心流。也就是一種**讓人高度投入，甚至忘卻時間流逝的心理狀態**。

著名的心理學家米哈里·契克森米哈伊有一本經典著作《創造力》。在書中，他指出，人的創新很大程度上是依託於心流的存在。你解數學題時突然想通了，是因為心流；你寫作文時下筆有如神助、靈感無限，是因為心流；你下象棋時頻出妙招，是因為心流；你玩遊戲時通關斬將，也是因為心流。心流是一種高階而稀有的心理體驗，而遊戲是誘發心流的極佳環境，這樣的組合，很有可能是創造力的重要源泉。

從腦科學的角度來看，電動遊戲會讓多巴胺達到巔峰並引發心流。這種狀態是需要孩子足夠專注並長時間思考才能獲得的。而對於許多孩子來說，電動遊戲也是他們能體驗到控制感的最好場所。

遊戲設計師透過調整遊戲的難度以匹配玩家的技能水準，來創造一個讓玩家專注並努力參與其中的完美環境。因此，遊戲設計師往往要透過長時間的程式開發來激發玩家的「完全沉浸感」。他們給玩家提供一個安全的環境，在這裡，犯錯也不丟人，反而是一種讓你學到新技能並玩得更出色的方法。

大量的研究都得出了這樣的結論：**遊戲滿足了人們對能力表現和控制感的雙重需求**，同時，多人遊戲還滿足了人們對關係的需求。高度投入、感覺良好、可以安心試錯、有外界的支持，這簡直是一個激發創造力，解決需要高認知狀態才能搞定問題的絕佳場所。

•••••••教育也在遊戲化

中國人民大學附屬中學是排名位居前列的一流中學，在這所學校中，推進素質教育的一個非常重要的亮點，就是一年一度的人大附中學生電影節。

二〇一七年，在第十三屆電影節上，「最佳影片獎」由一名高一學生所帶領的團隊獲得，他們的作品名為《一個小故事》。乍看這個作品，你可能會覺得有點奇怪：這是一部由一堆像素化的方塊人在一個像素化的空間裡，演繹劇情和對話的電影作品。並不覺得有什麼出色的地方啊？

但這些看似粗糙，甚至讓很多人聯想到二十世紀九〇年代一度流行的裝修用馬賽克顆粒的畫面，恰好就是讓這個小團隊喜得桂冠的重要因素。它能得獎，不僅僅在於劇情中的深刻內涵，更在於電影的呈現形式：這是一部完全由遊戲場景搭建起來的動畫電影。這部電影裡，從人物到建築，都是由學生透過遊戲軟體用一個個像素方塊堆疊起來的。這個遊戲當時在眾多年齡層中有著非常強大的影響力，叫作《當個創世神》（Minecraft）。

《當個創世神》並沒有什麼炫酷的圖形介面，或者史詩般的複雜劇情，它受歡迎的原因其實很簡單：你可以自由地使用最基礎的元素，從零開始創造一個屬於你自己的世界。這個世界可以很簡單：你可以挖一個深深的洞穴，然後在裡面佈置一個溫馨的小屋；這個世界也可以很複雜：你可以利用遊戲裡的特殊材料，把這個遊戲變成一個程式設計軟體，甚至在遊戲環境裡再造一個遊戲，讓你能在遊戲裡面玩遊戲，和電影《全面啟動》（Inception）有異曲同工之妙。

每當有人問我這個遊戲到底有什麼好玩時，我就會回答：如果你能理解樂高積木有什麼好玩的，你就能理解《當個創世神》為什麼能贏得這麼多擁護。

而人大附中《一個小故事》的創作團隊，就是用這個遊戲復原了整個人大附中的校園，並在遊戲中設定角色，規劃好角色的動作以及鏡頭的路徑，並完成拍攝，經過後期剪輯，最終推出了成品。它新穎、有趣，並伴隨著很高的自由度，獲得如此好評實至名歸。

這種不設限的遊戲，甚至得到了來自教育界的高度認可。其實這並不讓人意外：它具有高自由度、高互動性，實踐意義強，能夠激發學生的學習動機，這麼好的教具不可多得。

在微軟於二〇一四年斥資二十五億美元收購《當個創世神》之前，眼光獨到的瑞典老師莫妮卡．艾克曼就已經在課堂上將這款遊戲作為課程大力推行了。二〇一三年，她所任職的中學正式將這款遊戲納入十三歲學生的必修課，因為校方認為，這款遊戲可以讓學生更瞭解城市營運、環境問題，並培養他們創新思考與解決問題的能力。

如果你是一名教師，或者是一名希望讓孩子透過玩《當個創世神》來鍛鍊創造力、邏輯思維和數學能力的家長，你可以透過https://education.minecraft.net/申請該遊戲教育版的使用權。

遊戲提供學習上的展望視角

美國貝塞爾大學的教育學副教授希恩．迪克斯（Seann Dikkers）在他的專著《教師手藝：如何在課堂上使用〈當個創世神〉》（Teachercraft：How Teachers Learn to Use Minecraft in their Classrooms）中，這樣界定遊戲所代表的新教育與傳統教育的區別：傳統的教育主要採用一種「回溯」的方式，而遊戲則截然不同，它提供給學生一種「展望」的視角。

採用「回溯」的方式來傳遞知識，自然要讓學生們去做經驗總結、考試、測驗、讀後感等等類似的工作；而採用「展望」的方式去發現知識，則要求學生們去探索、試錯、體驗和嘗試創造性地解決問題。

很多傳統的教師只掌握了「回溯」的教育方式，自然會高度排斥採用電動遊戲作為教育平台。同樣，很多傳統的家長只能理解「回溯」的方式如何讓孩子掌握知識，自然也會認為遊戲在教育上缺少功效。

當下教育界的思潮其實更傾向於讓老師成為學生「在知識殿堂中遨遊的導遊」，而非學習上唯一而絕對的主導。知識在快速更迭，技術在高速發展，如果你已工作多年，就能明白企業裡的老員工，很可能難於掌握真正的新技術，尤其越老的員工要掌握新的技術就會越困難。因為這種學習很難依靠「回溯」的方法去完成，而「回溯」卻是上一代人最能理解的學習方式。

對於孩子來說也是一樣，只有掌握了新時代的學習方法，才能完成新時代的學習任務。對於一個出生於二〇〇五年之後的孩子來說，學會前瞻性地去「展望」新知識，已成必須的技能。

希恩·迪克斯舉了一些例子，來區分這兩種教育方式（見下頁表3-1）。

當然，這兩種學習方法無法互相取代。如果沒有回溯，展望將面對「巧婦難為無米之炊」的窘迫；如果沒有展望，回溯也只是「嚼別人嚼過的饃」而已。電動遊戲不能替代傳統的教育空間，它與教育並不對立，而是教育在當下的延伸。

遊戲以多元形式為孩子帶來正向作用

認知、情緒、社交、創造力，遊戲給孩子帶來的成長，其實並不侷限於此。現在有很多組織也在嘗試給遊戲進一步賦能。比如將電動遊戲和實體工程加以

表3-1　兩種教育方式

「回溯」型教育方式	「展望」型教育方式
聽故事	講故事
透過收據記帳	擺個小攤位
閱讀史詩《伊利亞德》	改寫史詩《奧德賽》
參觀羅浮宮	繪製手指畫
聽系列廣播劇	錄製自己的Podcast
看《布偶歷險劇》系列劇	編排表演自己的木偶劇
看《星際大戰》電影	製作自己的獨立電影
給別人喝彩	為自己記分
採購現成的物資	自己手工製作物品
在遊戲中敷衍了事	認真投入玩遊戲

結合。從大疆創新的RoboMaster機器人套件，到任天堂為Switch遊戲機量身訂做的實體套裝，都在嘗試探索電動遊戲和實體內容結合的新道路。又比如功能化遊戲。現在有很多遊戲廠商，已經在開發具有功能屬性的訓練型遊戲，其中包括針對消防員、軍人和學生的多個類別，讓人們透過玩遊戲掌握技能。毋庸置疑，這也是一條新鮮而有意義的道路。

更加強調審美性和藝術性的遊戲，也越來越得到人們的青睞。遊戲作為「第九藝術」，其文化屬性本來就一直被強調，像《風之旅人》《機械迷城》這樣的遊戲能夠流行，也證明了遊戲的藝術化道路得到了大量玩家的認可。

總之，用遊戲促進成長，非但不是偽命題，反而是一個實實在在的教養現實。很少有什麼教養元素，能夠像電動遊戲一般，如此多元而充滿趣味性地給孩子的生活帶來積極影響。

在我看來，想讓電動遊戲賦予孩子更多的成長助力，孩子、技術、環境、硬體、軟體都已經做好了準備，甚至學校、社群、文化產業與政府也做好了準備，但在很多家庭裡，就差家長這塊拼圖了。

不過，作為家長，我們並不能坐享其成，依然有很多工作要做。只有這樣，才能避免電動遊戲成為孩子童年的「潘朵拉魔盒」。

親子問題相談室

「我不覺得孩子玩遊戲能改善情緒，恰好相反，我家孩子一玩遊戲就急躁！」

有的家長會對遊戲的情緒調節功能產生懷疑：「我家孩子玩遊戲總是著急、生氣，不讓他玩他還要和你吵架，讓他接著玩他又一直處於憤怒的狀態，這明明是不好的情緒啊？」

這往往是因為玩遊戲的過程中遭遇了挫敗，或者玩的方式有問題。

如果一個求勝欲望非常強的孩子，在一款對抗性的遊戲中輸了好幾局，而且輸的主要原因是豬隊友，就很容易為此發脾氣；或者一個非常期待劇情下一步走向的孩子，卡在一個迷宮中走不出來，也容易發脾氣；甚至在玩音樂遊戲的時候，一個孩子跟不上遊戲要求的節奏導致沒法得到高分，也可能會生氣。

適當的緊張感，是遊戲好玩的一部分，也能讓人在玩遊戲時表現得更好，但如果這種緊張感變成了憤怒，甚至影響到了其他的事情，比如孩子非要贏一局遊戲才睡覺，結果卻從晚上八點一口氣玩到凌晨兩點，那我們就有必要出手干預了。

首先是讓孩子暫停玩這款遊戲。一旦孩子陷入一種「賭徒心態」，像虧了錢的賭徒一樣不惜一切代價要翻本，其實這樣的狀態就不健康了，所以為了避免情況進一步惡化，我們需要強制性地讓他暫停玩遊戲。

你也可以讓孩子在幾天內先不碰這款遊戲，先玩點別的。好遊戲有很多，又不一定非它不可。玩一些更加輕鬆，不強調勝負而強調劇情或者創造力的遊戲來調整情緒狀態也很不錯。就算孩子後來再沒重新拾起那款惹他生氣的遊戲，其實也不是什麼大問題。

你甚至可以想辦法調整遊戲本身的難度。很多單機遊戲都有難度上的設定，就算是網路遊戲，也有很多設計了匹配不同層級玩家的對應玩法。

當然，你還可以找個機會，和孩子談一談「為什麼要玩遊戲」這個話題，他如果能認同玩遊戲是為了更快樂，相信就可以從更內在的角度調整自己的心態了。

「我家孩子非常擅長打遊戲，也的確很聰明。但他告訴我，準備高中畢業後就去做職業電競選手，我該怎麼辦？」

最近幾年，社會對電競的認同度不斷提升。我也在來諮詢的家庭中，越來越頻繁地遇到「要不要把遊戲當職業」的問題。這背後其實是這樣一個問題：既然遊戲本身有諸多好處，那到底能不能更向前一步，把它作為一個人安身立命的職業呢？

對此，我有三個基本觀點。在和這些家庭溝通時，把這三個觀點說明，可以幫助他們更加理智地下決策。

第一，別拿你的愛好，挑戰別人的職業。

很多孩子擅長打遊戲，但是對自己的技術水平卻抱有一種不切實際的高估與錯覺。家長並不瞭解遊戲，身邊也不一定有相應的優質資源，所以往往不能客觀地評價孩子到底適不適合成為一名職業電競選手。

職業電競選手是什麼？在本質上，他們是職業運動員。你可曾見過哪一個成績輝煌的職業運動員，不是超乎常人的勤奮，沒有一身的傷病？職業運動員需要的是良好的天賦、無比嚴苛的練習以及常人難以企及的自律。

但是在大多數我接觸到的想當職業電競選手的孩子身上，說實話，這三樣條件裡一樣都沒有。他們之所以想選這條路，更多的是出於對遊戲的喜好，以及自己貌似還算擅長。要知道，即使某個遊戲玩到全校第一、甚至全國第一，要靠玩遊戲養活自己也不是件容易的事。

第二，孩子接觸到的職業偶像，往往只有片面的部分。

很多職業電競選手已經完成了「偶像化」的轉變，除了打好比賽外，還會專門打造自己的偶像人設、粉絲社群，線上直播、代言產品，一樣都不少。還有不少人，徹底放棄職業電競選手的發展道路，轉作網路紅人。

有的孩子對我說：「就算不當職業選手，當個實況主，晚上直播四個小時，有人刷點禮物，也能賺幾千塊錢了。我遊戲玩得好，長得也帥，說話也幽默，為什麼不行？」

沒什麼不行，但我們看事情不能光看表象。在聚光燈下笑起來很容易，但是在幕後，更多問題才得以暴露和展現。先不說要有多少無人問津、難以維持生計的小實況主來給一線實況主當分母，單單說玩家人群中耳熟能詳的那些成功者，也須懂得遊戲之外的能力：如果開工作室，你要有經營企業的能力；如果涉及智慧財產權，你要有法律法務的資源；如果要製作自己的節目，你還要學會影片剪輯；經營粉絲的時候，那些友善的交流讓人心情舒暢，但面對網路霸凌和惡意中傷時，你處理的能力又如何呢？不僅如此，還有經濟上的糾葛、道德上的陷阱等等困擾，但是很多人就算當了知名實況主也沒能處理好，這也是近年來遊戲圈網紅頻頻出事的原因。

第三，將遊戲職業化的可能性，並不只有職業玩家這一條路。

我接觸過很多愛玩遊戲的人，最後走上了與遊戲有關，卻不是職業遊戲玩家的道路。

在喜歡玩遊戲又擅長玩遊戲的同時，如果你本身擅長經營人脈，你為什麼不嘗試做職業選手的經紀人呢？如果你文筆不錯，為什麼不嘗試做遊戲文字策劃，或者以遊戲文化為基礎來創作小說呢？如果你擅長繪畫，為什麼不考慮做遊戲視覺設計師呢？如果你滿腦子都是創意和點子，為什麼不考慮發展成遊戲製作人呢？

　這方面已經有不少成功案例，我小舅子就是一個小時候愛玩遊戲的遊戲策劃總監，我還有一個愛玩遊戲的朋友是專門開發遊戲的程式設計師。他們都沒那麼擅長打遊戲，但這不影響他們選擇遊戲來為自己的職業發展提供更多可能性。

　很多玩家愛玩遊戲，卻以過於狹窄的視角來看待遊戲。遊戲玩家職業化不是不可以，但如果所有的玩家都一股腦兒只當電競選手，那遊戲這個行業必然會走向崩潰。

　每一個來找我問遊戲能不能成為孩子職業的家庭，我都尊重他們，但同時奉勸他們要理智，而這種理智分成兩種，一種是瞭解在電競這條路上往上爬有多難，還有一種則是要開放視角，看到與遊戲相關的職業發展其實有更多的可能性。

CHAPTER 4

改變親子關係，從瞭解電動遊戲開始

遊戲管理的第一步，家長要做什麼？

別讓外行管理內行

在你的日常工作中，有沒有碰到什麼外行指導內行的事呢？每當碰見類似的事情，身為內行的那一方，往往有著一種非常不爽卻又很無力的感覺吧？

我很能理解，因為我也經歷過。

很多家庭裡，家長指導孩子玩遊戲的時候，帶給孩子的感覺也是一樣的。許多家長本身並不是遊戲玩家，就算是，玩的遊戲也往往和孩子所玩的有差距。這就帶來了一個不容小覷的問題：指導孩子玩遊戲之前，作為家長，需要先做什麼準備工作呢？

很多家長對於管理孩子玩遊戲這件事很有信心，而信心的來源，主要是家長認為自己有權切斷孩子玩遊戲的硬體來源：不給錢買遊戲；把手機鎖起來；到了遊戲該結束的時間，不管三七二十一，直接拔掉電源。

當年我爸就是這麼對我的，他選擇把我的小霸王遊戲機的手把藏起來。那時的我怎麼辦呢？我去找了個同學，借了他家兩個手把中的一個，也暗自藏了起來，時不時背著我爸插在我家的遊戲機上用。這樣就算我偷偷玩了，我爸也不知道。然而這種管理模式，就像《湯姆貓與傑利鼠》裡面的湯姆與傑利，帶來的只是內耗。用強硬的手段約束和管理孩子玩遊戲，最終導致的往往不是成長，而是衝突。

家長唯有自己先對遊戲有所瞭解，才可能對孩子玩遊戲施加正確的干預。掌握孩子玩的遊戲內容究竟是什麼，提升對於遊戲的知識水平，可以有效降低遊戲帶給家長的壓力感受，當然，也就能降低管理遊戲給親子關係帶來的衝突風險。

我見過很多家長不喜歡孩子玩遊戲，但哪怕對孩子再嚴格的家長，也往往認可孩子「放鬆」的需求。不知道你有沒有發現，被廣大家長所接納的放鬆方式，恰好也是家長們最能掌控的方式，比如閱讀課外書、游泳、打球等等。這些休閒在家長看來可靠的最大原因，是家長比較瞭解它們，自己也曾經歷過這些活動。而且剛好因為家長對於課外書有一定程度的認識，所以才會給孩子買《三劍客》而不是《金瓶梅》。如果現在擺在家長面前的是兩個聽都沒聽說過的遊戲，他們怎麼可能會有區分其優劣的能力呢？

遊戲讓家長緊張，而緊張容易導致焦慮，開始焦慮後，就容易在與孩子交流時言行失當，問題也就這麼產生了。

家長要心裡有數

人類壓力研究中心的索尼婭．盧比安（Sonia Lupien）教授提出了一個叫作「堅果效應」的概念，縮寫為N.U.T.S.的四種刺激，會讓人感到焦慮：

第一是新異（novelty），指的是這種刺激你以前沒見過。

第二是不可預知性（unpredictability），你預想不到的事情卻發生了。

第三是對自我的威脅（threat to the ego），你的安全感或能力遭到質疑。

第四是控制感（sense of control），你感到在控制局勢上遇到了難處。

家長不瞭解遊戲，不知道遊戲的影響是什麼，在這件事上因為缺乏認識而無法細緻管理。你會發現，倘若家長對遊戲本身瞭解不多，每一腳就會像踩在地雷上，壓力如此之大的情況下，想不對孩子發脾氣都難。

「心裡有數」是每個人都追求的感覺，如果家長能夠對遊戲的設定清楚明白，一定程度上瞭解孩子要玩什麼、怎麼玩、會碰見什麼內容，以及可以玩多久，那麼這自然就會為遊戲的管理提供助力。在管孩子玩遊戲之前，請先瞭解一下孩子所玩遊戲本身的特徵與屬性——知道內容玩的是什麼、面對的是什麼。而知識水平的提升，也意味著家長壓力感的下降，自然能為親子間心平氣和地探討遊戲問題的處理留下更多空間。

我問過不少家長，電動遊戲是什麼，得到的答案形形色色，但鮮有正確的。他們這樣回答我：

「就是他玩的那個叫什麼CF的……（指遊戲《穿越火線》）」

「拿槍射來射去。」

「能線上聊天，和別人一起打。」

「得花錢買道具、抽卡。」

「要一直玩，不能停。」

「我家女兒玩的是給娃娃換衣服，我也不知道這算不算遊戲。」

這些答案很具體，以至於過度片面，也直接反映出這樣一個現實：家長不太懂遊戲。但家長又想管理孩子玩遊戲，這和我們在職場中遭遇的外行管內行的問題又有什麼區別？

孩子到底在玩什麼？認識遊戲的構成要素

日益模糊的遊戲概念

電動遊戲到底是什麼？

當這個產業剛剛興起的時候，大家對這個概念還非常清晰。但是在當下這個時代，5G開始普及，網際網路頻寬一再地擴充，擴增實境（AR）與虛擬實境（VR）越發成熟，遊戲製作團隊的構成也越來越多元化，遊戲的概念已經越來越模糊了。

二〇一六年，《晚班》（Late Shift）在歐洲、美加等地問世。相信我，這一定是你見過的畫面最好的遊戲之一。遊戲講述了一起夜晚發生的凶殺案，把一名無辜的學生捲入其中，而為了證明自己的清白，這個學生不得不開始一趟追凶的冒險旅程。整個遊戲的畫面全部由真人演出，而遊戲玩家需要做的，是在不同的選擇上做出抉擇，來引導遊戲發展的走向，試圖揭開凶殺案背後隱藏的真相。遊戲一共有七個結局，而你能碰上哪一個，全靠你在整個遊戲過程中的選擇。而這七個結局，是由同一批演員按照七個不同的指令碼演繹出來的。

這部遊戲因為逼真的劇情、新穎的互動設計，以及演員精湛的演技，得到了廣泛的好評，也激發了一個新的討論：這到底是一個遊戲，還是一部電影？

遊戲界稱它為「電影式文字冒險遊戲」，電影圈則叫作「互動式電影」。我的一個朋友對我說：「這肯定是遊戲！我特地把七個結局全都打出來了，這不是遊戲是什麼？」而另一個朋友卻說：「這絕對是一部電影！全是真人演的，用的是典型的影視劇指令碼，拍攝團隊比遊戲製作團隊人數還要多，怎麼說都是電影啊！」

還有一個朋友根本就不在乎如何為這個文化產品定位，他興奮地說：「我才不管這是遊戲還是電影！想像一下，有一天，這麼精彩的作品進入電影院，每個觀眾對著大銀幕，手機下載電影院的應用程式，隨著劇情起伏，集體投票決定男女主角的行為，多有趣啊！」

雖然我本人認為遊戲和電影並不矛盾，一個你花時間和精力投身其中的藝術品，讓你覺得有收穫、有體驗，它完全可以既是遊戲，又是電影。但這畢竟涉及名分，在拉扯之中，人們達成了一種小小的默契，對於《晚班》這樣的作品，不說是遊戲，也不說是電影，統一稱之為「互動影像作品」。

不過，究其原因，電動遊戲產業自身發展得太快，對於產業的研究發展已有些跟不上它的腳步了。

遊戲的三大核心構成

史丹佛大學的教授拜倫・里弗斯（Byron Reeves）羅列了好遊戲的十個典型要素，包括玩家在遊戲裡的角色、3D環境、遊戲回饋、等級系統等。而麥戈尼格爾在《遊戲改變世界，讓現實更美好！》中則強調目標、規則、回饋系統和自主參與是遊戲的核心構成要素。

在我看來，這些定義都太複雜了。遊戲本身的發展太過迅速，我們不能在每一個新遊戲出現的時候，都回頭在遊戲的分類中增加一個特徵去適應新元素。新鮮的事物越來越多，這種時候，加法是徒勞的，恰好相反，我們應該回歸遊戲的本質，狠狠地減法，擴大它的包容度，才能瞭解遊戲的真正核心是什麼。

我認為，只要滿足三個特點就能構成遊戲，它們分別是：**規則**、**互動**和**表達**。家長從底層邏輯去瞭解遊戲的這三個基本要素，就可以快速接上管理孩子玩遊戲的頻道了。

很多時候，家長想瞭解一下孩子玩的遊戲，會用這樣的問題開頭：「和我說說看，這遊戲要怎麼玩？」

這個問題孩子其實很難回答，因為他不太明白你問的到底是什麼。是這個遊戲的「規則」嗎？那「按滑鼠左鍵開槍」是個好答案。是這個遊戲裡的「互動」嗎？那「治療隊友，不要讓他們倒下」也許不錯。是這個遊戲裡的「自我表達」嗎？那「雖然別人都打打殺殺，但我要當這個伺服器裡賺最多錢的人」好像也能理解。

因為你根本就沒問對問題，所以孩子的回答往往片面或敷衍。甚至，他沒打算回答你的問題，而只想趕快結束這段對話：

「就這樣玩啊。」

「打就對了。」

「完成任務。」

作為家長，聽到這些回答，你能明白孩子到底玩的是什麼嗎？甚至你可能會覺得這樣的回答對你是一種冒犯，而孩子的心不在焉讓你很生氣，在這樣的情況下，親子在遊戲話題上就更難溝通了。所以你的問題最好更具體一些，起碼要具體到能針對三個元素——規則、互動、表達中的其中一個。

遊戲是「規則」的集合

遊戲即江湖

我們先來談談何謂「規則」。

在網際網路中，最早普及化的網路遊戲長什麼樣子？你可能會認為是早年的2D網路遊戲，比如《石器時代》。其實在那個頻寬緊缺，從網上下載一首歌的時間大概是這首歌長度的三倍的年代，另有網路遊戲的先鋒者，這種遊戲叫作MUD（multiple user dimension，多使用者空間），它是一種純粹利用文字來描述場景、人物、動作和互動的遠古網遊，就算是我這樣自詡老玩家的人，也只抓住過它那個時代的尾巴。

沒有影像，缺少音效，就連戰鬥場景都靠文字描述，在任何情況下，你都無法用滑鼠和鍵盤直接操作人物，而是要依靠程式碼輸入，像程式設計一樣去驅動遊戲進行。遊戲中「新手村」的設定，就是先讓玩家熟悉一遍各個指令的用法。

ＭＵＤ遊戲一開始在臺灣流行時，因其縮寫的直譯，被稱為「網路泥巴」或簡稱「泥巴」。但是在中國稱之為「江湖」，我想原因主要有三個。

第一，中文ＭＵＤ遊戲是以武俠文化作為基底。一九九五年，方舟子集結了一個五人小組，開發《俠客行》並在北美營運，而這個遊戲的世界觀設定，並沒有西方文化中的魔法與龍，而更接近於中國武俠小說中的正邪門派、強弱武功與恩怨江湖的集合體。遊戲上線一年，伺服器便遭駭客攻擊，原始碼全部洩露，方舟子團隊索性完全將程式碼對外公佈開放。一九九六年，《北大俠客行》在這些程式碼的基礎上開始發展，它由於伺服器當年設定於北京大學東門物理樓的一臺伺服器上而得名。而這個遊戲直到今天，它基於武俠的設定一直未曾改變。從一開始，「江湖」的基因就在發揮著影響力。

第二，文字帶來了最強的代入感。人的大腦是天底下最厲害的顯示卡，沒有誰的想像力會遭遇解析度上限的限制。現今，新遊戲都在追求畫質，但靠硬體堆砌出的畫質永遠追不上大腦為自己勾勒的場景。文字ＭＵＤ遊戲對於場景的刻畫，很有一種「重劍無鋒，大巧不工」的感覺，正因為全是字，自然也就無法給想像帶來多大的限制，這也讓玩家像看武俠小說一樣，有了極強的臨場感與代入感。

如果你真的玩過文字ＭＵＤ遊戲，你就會發現遊戲的自由度其實不亞於當下流行的許多大作。比如《北大俠客行》經過二十多年的發展變遷，遊戲內的場景多元豐富，至於和武俠相關的兵刃、內功、心法、派系，更是非常複雜，以至於遊戲製作組專門做了一套查詢系統，幫助玩家梳理這些元素之間的關係。這種高度複雜的還原讓我不得不相信，如果真有一個武俠世界，那它一定就是這個樣子。

不過，第三點才是人們稱呼它為「江湖」最重要的原因：江湖的本質是一系列複雜規則的集合體。而遊戲剛好就是規則的集合展現。從《俄羅斯方塊》裡消除一行方塊的簡單規則，到《鋼鐵雄心》中，指揮你的軍隊，調動你的物資，合理安排戰略的複雜規則……造就遊戲的，不是聲光電元素的堆積，而是這些元素在某些規則下的有序組織。

當年的文字ＭＵＤ遊戲之所以獲得了「江湖」的名號，也是因為同樣的道理，並不是因為裡面有拳譜劍法，它就成了江湖，是因為其中種種元素的組合與關聯用的是高度江湖化的規則，它才成了江湖。

你甚至可以把遊戲理解為「**規則的集合**」，就像麻將的本質，是將十三張牌按某個規則進行組合，誰先組合完成誰就獲勝一樣（當然，有的情況下獲勝的條件不是這樣，這也是一種特殊規則）。遊戲的本質，也是把其中的元素在或多或少的規則下進行組合。

規則少不一定不好玩，《俄羅斯方塊》就是一個好例子；規則多也不一定好玩，很多遊戲不好上手，在太多奇葩規則的制約下，玩家根本就搞不懂，於是淺嘗輒止、果斷棄坑。

如何與孩子溝通遊戲規則？

遊戲的規則紛繁複雜，我們該如何與孩子討論呢？

擅長將遊戲和學習融合在一起的教育家凱蒂．薩倫提出的對於遊戲規則的區分，可以提供我們和遊戲玩家溝通遊戲規則的線索。

第一類規則叫作「底層規則」。底層規則並不是遊戲的根本規則或者根本目的，它其實指的是一些從日常生活中直接平移到遊戲內的基本規則，比如水就是拿來喝的，匍匐前進速度會比較慢，在足球比賽中把球踢到對手門裡就算得分。

當你在孩子的遊戲中看到一些自己能夠透徹理解的事物時，我建議你不要和孩子有太多的討論和提問。舉例來說，你在遊戲中看到一瓶明顯用來喝的水，卻問他「你喝了這個是不是就不渴了」，八成會收到一個白眼，這個問題有點太弱了。

第二類規則叫作「操作性規則」。現在讓我們假設你看到的不是一瓶飲用水，而是一個球型瓶，裡面放的是翠綠色的藥劑。這個藥劑在現實的日常生活中恐怕並不容易找到原型，於是在不同的遊戲裡，同一個道具完全可能有不同的功效。在甲遊戲中，這可能是一瓶毒藥，誰喝誰完蛋；在乙遊戲中，這可能是隱形藥水，關鍵時刻讓你遁入無形；在丙遊戲中，這又完全可能是瓶解藥，平時喝了沒意義，但關鍵時刻能救命。這些規則，依然是在遊戲內設定好的，被寫死鎖定在程式裡，所以在甲遊戲中不管你怎麼喝，也不會產生在乙遊戲中的效果。

對於這一類規則的討論，往往會得到來自遊戲玩家的熱情回應和友善交流，因為從某個角度來說，這已經提升到對於該遊戲的專業討論的層次了。

我家大兒子非常喜歡玩一款叫作《要塞》的老遊戲，原因很簡單：在這個遊戲中能建造出很好看的城堡。但畢竟羅馬不是一日造成的，要想建造出好看的城堡，就必須有石材，這就需要挖掘石礦。而石礦工人要吃麵包，我們就需要先搞定麥田、磨坊和麵包房。那些木質建築需要木料，我們就要安排伐木工人去砍樹。與此同時，還要安排獵人去狩獵，以解決在麵包出現之前大家餓肚子的問題。

這一系列操作，都依託於遊戲內部設定的操作性規則。而結合這些規則，我和孩子能展開非常棒的交流。一開始他只想要一個巨大的城堡，後來他發現要建造城堡的話，還需要大量的前置工作。憑藉著彼此的交流，我們才一步步讓整個村莊運作了起來。

我非常建議家長多和孩子談談遊戲的操作性規則，也就是讓這個遊戲不同於真實生活和別的遊戲的規則。這種對於當下遊戲的非凡之處的體驗，能給你和孩子的交流提供更好的切入點。

第三類規則叫作「自發性規則」。遊戲裡有一些規則本就沒有強制設定，但是玩家會以個人或集體為單位去自動自發地遵守，這就叫作自發性規則。

比如我曾在《魔獸世界》中扮演一個法師的角色，有一個比較獨特的技能，就是用魔法製造出食物和水，而這些飲食在接近零成本的同時，還可以交易給其他玩家——目前為止，這些都還屬於操作性規則的範疇。

伺服器裡有很多法師，大家都難免會在冒險旅程中遇到別的玩家來要吃的喝的，這時候，自發性規則就開始發揮作用了。我是來者不拒地完全贈送，如果對方出於禮貌給我幾個金幣，那我也不拒絕；有的玩家會標明價格，不給足價錢就不賣；有的玩家嫌麻煩，搭理都不會搭理，直接離去；還有的玩家是看心情，心情好就免費送一大堆，心情不好也有可能罵對方幾句。

不管你想不想幫旅途上偶遇的其他玩家，當你和別人組隊一起玩時，基本上所有人都公認，法師應該免費提供全隊所有人的飲食。哪怕脾氣再大的法師，也不太可能忤逆這種人群中的潛規則。

遊戲對於這種情況下怎麼應對沒有任何約束，但玩家自我生成了一種屬於自己的規則，這就是第三類規則。

家長很難和孩子聊到這一類規則。並不是因為孩子不想聊，也不是因為家長不願聊，而是因為憑絕大多數家長對於遊戲的理解，根本就意識不到這些屬於玩家群體自己的規則。這就導致這些規則會成為親子溝通時的「思考題」，沒做出來無大礙，做出來就會加分。

只要對遊戲抱有包容的態度，能夠好好觀察遊戲的內容，有心的家長就能夠好好地和孩子交流這些遊戲中的有趣規則，甚至談談孩子某些很有自我特色的行為背後，有著怎樣的真實想法和態度。

遊戲的「互動」是一種從外到內的感受

由表及裡的包裹感

在遊戲這個話題上，和孩子聊規則，我們聊的是「怎麼玩」的問題；聊互動，我們聊的是「**玩起來感受怎麼樣**」的問題。

好玩的遊戲能夠激發人投入精力、思考、體能，當然，還伴有時間和金錢。不好玩的遊戲有很多種，但有一個共同的特點，就是讓你不想再繼續投入下去。如果把玩遊戲比擬成談戀愛，很多壞遊戲就是那個能逼著你和他（她）分手，還激發你這樣的想法的戀人：你喜歡我哪一點？我改掉行不行？求求你放過我。

在我有限的戀愛經歷中，我最怕的就是這樣的戀人：面對交流，她只有消極的沉默，不回應，不答話，不表達，誰都看得出來她不太對勁，但她只對你說：「別理我，我沒事！」可一旦真的不理她，很快就又能感覺到有兩束凌厲而充滿恨意的目光盯著你。這是互動性差最典型的表現，遊戲和人其實差不多。

很多遊戲給你帶來的主觀感受其實不一定正面，比如一些恐怖遊戲，但是它給你帶來的主觀體驗其實還是不錯的，因為有比較好的互動性，它讓你能更全面和深入地去體驗遊戲所試圖營造的環境。

學界將遊戲互動大致分為四個類別，最底層是單一回饋，就像一個寶箱，不管你什麼時候開啟，裡面都有某個確定的道具；高一層是雙向回饋，比如遊戲裡的NPC（非玩家角色）給你兩個選項，你的選擇不一樣，劇情的走向也會有所區別；更高一層的互動，是玩家可以自主決定提報給遊戲的資訊，比如在遊戲裡蓋一棟有個人特色的房子；而最高層次的互動，是遊戲可以分析並回饋玩家具有個人特色的輸入內容，比如遊戲自動分析了你的房子，然後為你提供獨特的訪客。

可絕大多數家長與孩子都不是遊戲設計師，從這個層面去拆解遊戲中的互動，往往不能實際地解決現實中的問題。

不妨把互動性想像成遊戲與玩家之間的資料線，它們互相傳遞資訊，時刻互通。你要清楚的是：遊戲透過互動給玩家提供了一種由表及裡的包裹感。在外，它提供了視覺化、能聽見的大量資訊，孩子也在敲擊鍵盤、點選滑鼠。而在內，它觸發了玩家的心理感受，包括求知欲、征服欲、審美感。

孩子感興趣的互動方式不妨一試

在遊戲互動層面上的親子溝通，我的建議有兩點：

第一，如果你的孩子玩到一款在互動上很新穎的遊戲，你不妨也跟著試一試，而不要抱著「小孩子的東西有什麼好玩的」這種態度。這完全有可能成為你們展開一次深度溝通，甚至親子共遊的契機。

曾經有人推薦我一款遊戲《拔條毛》，我非常喜歡。值得一提的是，推薦者本人還曾經因為有輕微的強迫行為求助過我。我剛下載好後，就意識到了為什麼這個遊戲能得到前強迫症患者的偏愛，拔毛這件事實在是太爽了。整個遊戲就是借用手機螢幕的觸控功能模擬拔毛的動作，這種互動雖然簡單，但我從沒在遊戲中見過。

要知道，對於有刻板行為傾向的人、長了痘痘不擠就不舒服的人、看見粉刺就覺得是眼中釘的人來說，這個遊戲簡直就是一個能救贖靈魂的藝術品。

這個用虛幻系列引擎開發完成的遊戲，其核心互動行為只有一個：拔毛。你會拔很多很多的毛，不同角度，不同長度，不同難度，不同柔韌度。伴隨著精心設計的畫面、震動效果和音效，快感一波勝過一波。有那麼幾根毛，拔得我自己都起了雞皮疙瘩。這個遊戲在iOS應用程式商店獲得高達四點九的評分，並在二〇一八年騰訊創意大賽中獲獎，的確實至名歸。

我爸看我玩得起勁，問我在幹嘛，我回答：「拔毛呢！」他完全不能理解這種遊戲的樂趣所在。二十年前，我玩《魂斗羅》，他能理解；十年前，我玩《魔獸世界》，他能理解；一年前，我帶著他孫子玩《瑪利歐賽車8》，他也能理解。那些遊戲，雖然他不玩，但他起碼能理解好玩在哪兒。

但今天，我在手機上拔毛，他完全無法理解。我對他說：「你玩玩看就懂了！」好在他對嘗試新鮮事物有著開放、包容、熱情的心態，並不覺得這是什麼上不得檯面的事情。五分鐘後，他一邊興致盎然地拔毛，一邊搖著頭說：「哎呀！現在的遊戲，實在是太無聊了！」

我們都經歷過這樣的場景：孩子在吃飯的時候，不願意吃某道以前沒吃過的菜。這道菜可能是魚腥草，可能是蒼蠅頭，也可能是瀨尿蝦。可能在吃這件事情上，番茄炒蛋是孩子的舒適區，而瀨尿蝦只會讓他想到前一天看的科幻電影裡的大蟲子。而絕大多數家長都會一直規勸孩子：「你要勇於嘗試新鮮事物啊！你不吃怎麼知道不好吃呢？」

同樣的邏輯，也適用於家長和孩子聊遊戲，只不過角色會反過來。但很少有孩子會成熟到跟家長說：「你要勇於嘗試新鮮事物啊！你不玩玩看怎麼知道不好玩，沒有意義呢？」

當孩子和遊戲有一種新鮮的互動時，與其一開始就嗤之以鼻地報以反感，倒不如親自體驗一下。這樣一來，親子交流才有了天然的破冰契機，當下的良好溝通和未來的遊戲管理也就有了切入點。

當然，並不是所有的互動都是好的，正因如此，我們更要關注孩子在遊戲中採用的互動形式。所以，**我的第二點建議就是，互動方式是我們需要重點管理的地方，在這方面的無知，會直接導致管理上的缺失。**

中國各個城市的大型商業中心裡，最近幾年突然興起一種獨特的店鋪，它一般不叫電子遊樂場，或者其他傳統的和電動遊戲相關的名字，而是擁有「奇幻體驗中心」或者「6D全模擬空間」一類噱頭十足的名號。至於其本質就是一個VR（虛擬實境）體驗館。

VR技術是最近幾年很熱門的娛樂用科技新領域，你只要佩戴一副眼鏡，就可以進入一個全環繞無死角的虛擬空間，不少軟硬體廠商都開發了以這種技術為核心的遊戲內容，比如遊覽海底或者星空、體驗當巨人的感覺、感受在高空中走鋼索，以及模擬置身槍林彈雨中等等。這些技術很好，遊戲也不錯。

每次在商場看到有七八歲的小朋友在這些ＶＲ體驗館裡戴著沉重的ＶＲ眼鏡時，雖然他們往往看上去很開心，可說實話，我自己內心並不好受。因為很多家長並不知道，這樣的互動方式其實不適用於低齡的孩子，讓太年幼的孩子使用ＶＲ裝置，可能會造成暈眩、嘔吐，甚至視力下降、認知混亂和癲癇。而無良商家在營銷方面往往明知故犯地淡化其風險，對此也缺少有效的監管。

在幾款主流的民用級別ＶＲ裝置的說明書裡，對其軟硬體適用的年齡都有明確標示：Oculus Rift和Samsung Gear VR都建議使用者需要超過十三歲；Sony Play Station VR的推薦年齡則是十二歲以上；HTC View強調本身不是針對低齡人群設計的，並表示兒童不應該使用該裝置。我家也有ＶＲ裝置，但是我從來不會讓我的孩子嘗試，因為這會把他們置於不必要的風險之中。

遺憾的是，絕大多數願意掏錢讓孩子體驗ＶＲ的家長，並不知道孩子在使用這些產品時其實面對著健康風險。對於這種新生的互動模式，孩子只知道新鮮有趣，而家長更應該知己知彼，而非只扮演掏錢買單的角色。

今天有ＶＲ，明天會有形形色色我們無法想像的新玩意給遊戲與人的互動帶來變革，當然，這也許就意味著新的風險。在這種情況下，你不一定要對遊戲中的互動保持警惕，但起碼要對這些互動的變革保持敏銳。

遊戲讓人「表達」自我

透過遊戲更敢於表述與定位

我的大兒子每次看我玩遊戲時，問的第一個問題永遠是：「爸爸，這裡面哪個是你？」這是個很好的問題，因為它夠具體，也會激起我想回答的欲望。

在不同的遊戲裡，我兒子得到了「爸爸是誰」的不同答案。也許是一個加勒比海上的商船船長，也許是一個背負使命的江湖俠客，也許是一個羅馬城市的執政官，也許是一個正在前往蒙特婁的火車司機。

看上去，在不同的遊戲裡我是不同的角色，但這些角色的背後其實很統一。作為玩家，我一直是我自己，所以我才把遊戲玩成了和別人不同的樣子。

不同的遊戲呼喚了玩家不同的自我元素：在冒險遊戲中，你要勇敢；在益智遊戲中，你要聰明；在模擬經營遊戲中，你要夠謹慎……遊戲提供你表達的自由與空間，而人又總是有表達自我的需求。不管玩家年齡大小，在這件事情上往往一拍即合。

在我看來，遊戲中**高度的自我表達自由度**，也意味著有形成巨大成長助力的可能性。

電動遊戲中存在著廣大表達自我的方法，比如，給你的角色取名字、幫你的角色選定髮型、選擇你心儀的職業、在矛盾中展現你的價值觀、在競爭中幫自己拉票等等。有的遊戲因為讓玩家有了更多的方式來表達自我而受到歡迎。比如知名遊戲製作人小島秀夫的新作《死亡擱淺》，這個遊戲自始至終都由「連結」這個詞貫穿，這也是小島秀夫希望透過遊戲向玩家傳達的資訊：孤立的生存不該得到推崇，人與人之間應該更多地互動、溝通、幫助和妥協。

遊戲的背景是要連結分散的人類群體，共建新的社會組織，而遊戲的玩法則是玩家和其他人在遊戲裡共同探索，交換物資，合作基礎建設，逢山開路、遇水搭橋，還要修高速公路。在這樣的基本設定下，《死亡擱淺》在中國擁有了好口碑，因為對於很多玩家來說，「基礎建設」是一種非常棒的表達出口。在這之前，雖然也出現過純粹的建造類遊戲，但是沒有讓玩家把建造作為表達方式，達到某個屬於集體目標的遊戲。

這款遊戲無疑擊中了大量中國玩家內心的集體主義情結，或許也觸發了很多人心中對於建築師、造橋工程師、物流管理師的情懷。於是有玩家帶著「想致富，先修路」的心態，開始主動組織、主持修路工程，有的人則熱衷於建造具有類似驛站功能的建築據點，還有的人從跑著送建材一路發展到開著卡車大規模地遞送物資。

有一些自我表達甚至可以超越遊戲設計者的初衷。比如經典遊戲《模擬市民》系列，其本意是讓玩家在遊戲場景裡操縱或扮演某個角色，體驗其成長、社交、日常生活等層面，算是一個「人生模擬器」。為了增加自由度，遊戲向玩家開放了很多建築材料、裝修傢俱，讓玩家可以打理自己的小屋，畢竟「家」是很多人的生命主題，而不同的人對於家在物理環境上的風格要求差異非常大。遊戲發行後，還有過幾次內容擴充，更多樣的建材與傢俱被加到了遊戲裡，到了「沒有玩家找不到，只有玩家想不到」的地步。

讓遊戲製作方萬萬沒想到的是，遊戲的一部分玩家，根本就不在乎遊戲裡面的「自己」過得怎麼樣，他們把這個遊戲當成了一個容易上手又足夠有趣的建築設計軟體。很多人造出了自己在真實世界裡不可能買得起卻又真正期待的「家」；很多人熱衷於復原電影裡面的經典建築及場景；還有很多人家裡需要裝修，自己又不會用專門的軟體，索性就在遊戲裡設計規劃，看看大概的效果。他們都有一個特點——不按牌理出牌，不按照遊戲真正的初衷去玩。

有的人看到這裡，可能會撇嘴說：「玩遊戲的人果然都不怎麼樣，連玩遊戲都不懂得按照規矩好好玩！」不過說實在話，電動遊戲最大的魅力之一就在這裡。你在遊戲中找到的表達形式與內容，要在你的現實生活中實現難如登天，同時它也不一定是遊戲製作者的初衷所在。

這種在遊戲中的表達，其實非常需要家長與老師的認可，因為它能帶來兩個非常大的好處：第一，**讓孩子敢於表述自我**；第二，**讓孩子能夠更有自信地定位自我**。

為什麼孩子不願意溝通、不願意表達？

很多家長會以為遊戲讓孩子選擇禁錮自我，越來越不願意溝通和交流，但事實並非如此。**真實的情況是，很多孩子本就不願意和家長交流，然後才選擇了遊戲作為自我隔絕的空間。**

如果我們能認可孩子在遊戲中的自我表達，和向外界表達自己所玩的遊戲，孩子會更能感覺到被理解與被鼓勵，從而更願意表達與溝通。

有一次，我去一個線下的網路素養課程授課。講課的對象是來自全國各地的二十個家庭，家長和孩子都在。他們面對的普遍問題是，由孩子使用電子產品引發的親子關係問題。

有一個十三歲的女生，給我留下了非常深刻的印象。她的母親陪她一起來，來的原因是她玩遊戲時間太長。當時我拋出了一個問題，希望一位同學或家長和全場所有人分享一下自己最喜歡的遊戲和具體原因。這個女生熱情地舉手，我示意助教遞上麥克風。

她非常大方地站起身來，拿過麥克風，對全場的人說：「我最喜歡的遊戲是《陰陽師》。」隨後，她做了一個高EQ的舉動，向坐在教室最後一排的工作人員深深地一鞠躬，並說：「對不起！」

之所以說這句話，是因為《陰陽師》是由網易遊戲代理的，而當天的活動其實是在騰訊遊戲的主場。這兩家公司之間多少有點競爭關係。全場所有玩遊戲的人都會意地笑了起來，鼓起了掌，騰訊的員工們鼓掌鼓得最熱切，教室中的氛圍立刻變得積極而溫暖起來。

接下來，她開始很有條理地告訴大家她為什麼喜歡這款遊戲。她事先並沒有準備，但是講得非常順暢自然，也充滿說服力。在她身上，你看不到一點「遊戲讓我家孩子變成了悶葫蘆」的情況，你能看到的，是一個小女生侃侃而談她喜歡、瞭解並投入的一件美好事物。

我想，是這款遊戲本身的優秀，以及她對遊戲真切的熱忱，讓她敢於在這樣的場合表達自我；同時也是因為在不同的遊戲中習慣了進行自我表達，她能將這種能力順利地移轉到現實生活當中。

這種在遊戲中的自我表達，甚至成了一種習慣，成了一種對獨立性的堅守，以及對於自身價值觀的不妥協。要知道，在多元與紛雜的世界中，能夠做到這一點，其實挺難的。但這件很難做的事，剛好可以讓玩家在表達的過程中意識到真正的自我。

《刺客教條：奧德賽》是最近幾年出品的一款相當經典的遊戲，遊戲的劇本非常強調玩家「要為自己的選擇承擔後果」，搭配上多元的主動選擇性，讓玩家有了非常多的表達自我的可能性。

不過，遊戲的製作方萬萬沒想到，他們把玩家慣壞了。一旦人們習慣了真實而自由地展現自我，就不太容易重新回到封閉的劇情中。

在這個遊戲的一個DLC（Downloadable Content，可下載內容）形式的內容追加包裡，無論玩家做出什麼樣的人生抉擇，劇情都會讓玩家所扮演的主角和某個確定的人組建家庭，並生下一個孩子。結婚是強制的，連對象也是規定的，這種來自遊戲官方的「包辦婚姻」引發了一些玩家的強烈抗議與聲討。最終，遊戲製作方不得不出面道歉，並且修改了劇情。

其實這樣的劇情安排在老遊戲中簡直司空見慣。《超級瑪利歐兄弟》中，瑪利歐去拯救桃子公主是一個基本的設定，無論玩家想不想救人，都不會影響遊戲的進展。可是新一代的遊戲玩家並不這麼想，他們習慣並喜歡高度自由化的表達——遊戲僅是提供一個空間和舞臺，而最重要的是「我要做自己」。

很多事需要體驗過，才知道自己喜歡不喜歡、適合不適合、擅長不擅長。

在我們和孩子溝通時，覺得孩子沒有好好地回應，就會對孩子發火。但真實的情況是我們往往問一些孩子根本不知道該怎麼回答的問題，這些問題其實都落在他們不熟悉的領域。

比如我的一個朋友問他六歲的孩子長大了想做什麼，他的孩子給了一個快速而篤定的回答：「想當超人力霸王！」

其實我覺得這回答很好理解，孩子瞭解超人力霸王，喜歡超人力霸王，當然就想成為超人力霸王。但我的朋友不樂見，他想讓孩子有一些比較「高尚」的理想，所以追問：「你為什麼不想當一個航太工程師呢？」孩子不說話了。

他氣沖沖地來找我，說：「孩子不願意溝通！不願意表達！」

其實不是孩子不願意交流，而是孩子不知道該怎麼交流。孩子懂超人力霸王，但是未必懂火箭、平流層、第二宇宙速度，你指望他怎麼和你溝通呢？所以面對這樣的問題，他沒法說好，也沒法說不好，因為他可能都不知道你說的到底是什麼。孩子不懂航太，爸爸不懂超人力霸王，怎麼辦？

我推薦他們一款叫作《無人深空》的遊戲，讓他們父子可以一起玩。這是一款自由度極高的太空探索遊戲，最大的特點是用隨機的方法生成無限個不同的星球。而玩家則扮演一個探索者，在不同的星球之間穿梭，不斷提高自己的生存能力。有的星球極寒，有的星球被火山覆蓋，有的星球核輻射超標，還有的星球滿是毒瘴。不同的星球上，生物的形態差異更是巨大。而你需要搭配不同的材料和元素，才能提高生存機率，像是改造自己的飛行船，以及參與星際貿易。

這款遊戲雖然沒辦法直接教會孩子第二宇宙速度是什麼，但起碼能讓孩子理解太空活動大概是什麼樣子的，讓父親的態度與期待有了影響孩子的可能性，讓孩子瞭解與感受自己到底喜不喜歡這件事物，更讓親子之間的互相表達有了一個平台。

玩了半個月後，孩子雖然依舊喜歡超人力霸王，但也對《無人深空》裡面自己的飛行船念念不忘，已經成了一個小小的「航太工程師」，還順帶學到了不少化學元素，算是他爸爸「無心插柳柳成蔭」的收穫吧。

規則、互動和表達，構成了遊戲最重要的核心。而瞭解這三個元素，可以幫助家長更容易找到管理孩子玩電動遊戲的切入點。不管是和孩子探討遊戲裡的特殊規則，還是討論新穎的互動方式，抑或是就遊戲這個話題進行自我表達，都是很棒的選擇。

不過，做好對孩子的遊戲管理，讓電動遊戲能幫助孩子成長，並不是一件「說說而已」的事情。除了和孩子「聊遊戲」之外，幫孩子好好地「選遊戲」，不讓壞遊戲浪費孩子寶貴的成長資源，同樣也是家長的必修課。

「我不反對孩子適當玩遊戲，但我擔心孩子在遊戲裡跟別的孩子學壞！」

這的確是個不容忽視的問題，畢竟我們管得住自家孩子，卻管不住別人家的孩子。每個家庭對於遊戲的態度不一樣，對於孩子言行舉止的約束也有差異，這點家長不得不防範，以免孩子在遊戲中受到太多負面影響。

不過我倒是認為，家長想要各方面都優質的環境，一來不容易達到，二來「水至清則無魚」，就像太乾淨的環境無助於免疫力一樣，和過於完美的人互動，其實也不一定能讓孩子舒服。所以說，只要是孩子能處理好的環境，就是有價值的好環境。孩子與同儕打交道時，請不要干預太多，因為遲早有一天你會干預不到孩子究竟和什麼人打交道。

「孟母三遷」固然有道理，但是在三遷之前孟子接觸到的那些販夫走卒、混得不怎麼樣的人，我堅信，對於孟子的成長也同樣是有意義的。你在環境中碰見的人不一定是你的效仿對象，還有可能是你用來警醒自己永遠不要成為的那種人。

如果第三遷的目的地具有絕對的影響效力，那孟子進入的那個「高階圈子」，怎麼只出了這麼一位偉大思想家呢？所以，歸根究柢，還是看個人。

回到孩子在遊戲中可能碰見各種人的問題，我建議家長可以和孩子聊聊，瞭解一下孩子能不能處理好這些人際關係，有哪些他自己也拿捏不準的情況發生，或者有沒有人給他帶來直接的困擾。

如果孩子無法處理，或者孩子說的一些情況可能帶來超過他的認知能力的風險，我們當然要出手保護；而如果孩子本身就明辨是非，也知道在複雜的關係中如何巧妙地閃躲風險，那也未嘗不是一件好事。

「孩子在遊戲裡組小團體，還花了很多時間在這上面，我該不該擔心？」

如果一個孩子連自己都管不好了，又怎麼能管理好一個組織呢？組織的運作本身就強調秩序、合作與分工，孩子在籃球隊當隊長和管理一個遊戲社群，並沒有什麼本質上的差異。

我這個人其實從來沒在某個組織中做過正式的管理者。我當過的最大領導，就是初中時的小組長，當了不到四十八小時，就因為管理組員不到位，被導師撤職了。上班以後也是一樣，從來也沒有帶過團隊。

但我不承認自己沒有管理經驗，因為我也曾經在遊戲中有過管理小團體的經歷。畢竟當年在某款網路遊戲中，有著一個不大不小的公會，叫作「情無二」，我做過一段時間的副會長。

這段經歷，我一直認為是財富。因為它看似只是遊戲，但實際上和企業中的團隊管理有著高度的相似性：你要合理安排團隊活動的內容、時間；做好後勤工作；管理好給幾個特殊貢獻玩家的補助；管理好團隊的DKP（Dragon Kill Points，屠龍點數，可以簡單理解成在遊戲中按時出勤並做出貢獻後所得到的專門貨幣）；分裝備的時候要考慮如何不得罪人；甚至團隊成員吵架了，還要負責調解。

這工作有點忙，也有趣。但最讓我開心的並非遊戲內容，而是一種我從來沒有體驗過的社會價值感。人們在打法、技術上有困惑會找你；人們手頭缺了點遊戲貨幣會找你；人們之間有了點芥蒂，需要中間人兩頭傳話時也會找你。相對應地，你也會獲得很多朋友。他們和我的關係或許沒有太深，但是，大家彼此都有點「快意恩仇、江湖交道」的感覺。

當然，團隊的管理肯定不可能是一帆風順的，挑戰、質疑、衝突時不時都會出現。但唯有真心投入，你才能得到來自其他玩家的信任感和價值感。而這種人際價值的加持，是令我最開心的事情。

我不建議家長劈頭就否定孩子在遊戲社群中的付出與工作，但我非常認同家長應該和孩子聊聊這方面的注意事項，以免好事變壞事。在線上遊戲社群這件事上，有一個基本的界限：它不應該成為影響其他生活的理由。

譬如，孩子可以把遊戲中的工會資金分發給主力成員，但不應該把爸媽給的零用錢兌換成遊戲裡的貨幣，分發給找來代練的打手。再打個比方，很多鬆散的遊戲團體會隨著時間推移變得越來越聚焦，最核心的圈子裡只保留某幾個關係最要好的人員，這個時候可能就需要付出更多的時間、金錢，才能擠進這個圈子中，但是如果這麼做會影響到孩子的學業、睡眠或者其他嗜好，我們就需要幫他好好評估一下利弊。

又或者是說，很多遊戲裡的社群其實並不穩定，人們來了又走，甚至因為一點小小的原因就可能分散了。對於孩子來說，不管他是管理者還是參與者，由於沒經歷過，很可能不太理解這種人間冷暖與世態炎涼，會為此變得沮喪、難過。協助他以平常心接受，同樣是家長在溝通中的責任。

CHAPTER 5

如何幫孩子選擇好遊戲

讓孩子玩喜歡的遊戲是基本

讀完前面的章節，我想你大概已經有一種躍躍欲試的衝動，想回家和孩子一起玩玩遊戲了吧？但是，從哪個遊戲開始呢？

對遊戲的喜愛就像吃飯的口味一樣，比如甲愛吃川菜，乙或許就愛吃粵菜，甲可能沒那麼喜歡粵菜，但起碼不排斥，但乙卻完全不能理解天底下為什麼會有人愛吃川菜。同樣的，在愛玩什麼遊戲這件事情上，玩家與玩家彼此完全獨立，喜惡不一。

這種複雜性似乎會給家長做遊戲管理工作時帶來不小的難度：家長既要顧及孩子的喜好與需求，又要做出自己的管理決策。

聽上去複雜，但實踐時其實只有一個指導原則：**讓孩子玩他真正喜歡玩的好遊戲**。既然如此，從兩個角度分析即可：第一，孩子愛玩什麼？第二，什麼是好遊戲？這其實是兩個基本問題。

你的孩子愛玩什麼？

我從沒見過兩個玩家在彼此喜歡的遊戲上完全雷同。玩遊戲這件事，有點像愛情，第一眼很重要，無法強求。就算你現在對面坐的是一個無可挑剔、條件完美的人，你也不一定會愛上他。如果你明白了這個道理，就能理解在給孩子選擇遊戲時最該重視的，是要讓遊戲迎合孩子主觀上的需求，因為一個人真的很難被迫喜歡上一款遊戲。

玩自己真正喜歡的遊戲時，會是什麼模樣呢？

不管是孩子還是成人，在玩電動遊戲時，都可以進入一種「高度投入」的狀態，也就是我們之前提到的「心流」。從認知心理學的角度來講，這種狀態主要得益於兩種元素的組合：意願和喜好。說得通俗一點，就是對遊戲的投入度等於想玩這個遊戲的程度加上愛玩這個遊戲的程度。

這對家長來說就有點麻煩了，因為你覺得好的遊戲，不一定能夠打動孩子的心，也許激發不了他的意願，也許迎合不了他的喜好，甚至在一些情況下可能招致孩子的厭煩。

怎麼辦呢？說實話，沒什麼好辦法，只能靠摸索。一個玩過很多遊戲的老玩家，一看到某款新遊戲，大概就知道是不是「自己的菜」。同理，在親子共遊的過程中，和孩子一起玩得多了，差不多也就能摸清楚孩子的特性。

孩子對遊戲的偏好，就像有的孩子愛吃青花菜，有的孩子卻愛吃番茄一樣，不過只有真的吃過以後，才知道自己真正喜歡什麼。孩子對於遊戲也有偏好，只有讓孩子廣泛嘗試，才能真正找到喜歡的類型。

如果不廣泛嘗試的話，孩子很有可能在選擇遊戲時遭遇太多的外界誘惑。比如說，某款當下正流行的遊戲也許並不符合我們對於親子共遊的基本要求，它之所以流行，可能是因為發行公司花了大量的經費宣傳，或者內容上譁眾取寵，甚至可能採用了某些處於灰色地帶的推廣方式。

當一個對電動遊戲接觸有限，而且遊戲資源受到高度管控的孩子，忽然遇到一款說實話並不怎麼樣的遊戲時，就有可能突然沉溺其中。一是因為他平時很少接觸電動遊戲，所以缺乏區分好壞的基本鑑賞能力，就像完全沒有瞭解過繪畫藝術的人，很難理解莫內的畫好在何處；二是因為他們在日常生活中玩遊戲被過分管控，容易出現報復性的沉迷，就像餓壞的人一口氣可以吃上十幾個包子，卻撐出毛病來。

為了避免孩子日後在面對某些不怎麼樣的遊戲時被引誘，我們必須先把孩子在遊戲上的口味養得「刁」一點，讓他對於自己和遊戲的關係有個良好的認知起點，這樣才能更安全地規避未來的風險。比如我家大兒子，我現在大概知道他對於火車和建造這兩個元素很感興趣，但是對於球類與益智類的遊戲就沒什麼太大興致。

讓孩子對遊戲有多元化認識

作為家長，我們首先要注意：**孩子長時間非常喜歡且只喜歡一款遊戲並不是一個好訊息。**

如果一個家長帶著自己愛玩遊戲的孩子來找我，而我在和孩子溝通時發現他玩過不少好遊戲，而且對於遊戲產業的發展有著多元化的認識，表達得當，也有正常的社交活動，那麼我就不會有太多的擔心。

但有一類孩子的問題往往比較棘手：他連續多年毫無節制地只玩同一款遊戲，甚至不是出於什麼正當的目的，而更接近於一種強迫性行為，更重要的是，他本人的生活受到了負面影響，比如睡眠不足、飲食不規律或缺少社交。

我們可以把這種問題理解成一種和「偏食」差不多，但是對孩子負面影響更大的挑戰。造成這種情況的原因往往是三個要素的集合：①當事人真的很喜歡玩這款遊戲，②他需要依靠這個遊戲來逃避現實生活中的問題，③接觸其他遊戲的資源很有限。

曾經有一位五十多歲的母親向我求助，說她二十九歲的孩子天天在家玩遊戲，工作不用心、戀愛不想談，讓她很頭疼。

我和她的兒子談了談，說實話，我覺得如果我是他，我的表現可能也好不到哪裡去。他玩的是一款十幾年前的老遊戲，在當年算是經典，他的確很喜歡，但這並不是導致問題的主因。

最主要的原因，是他作為一個即將進入而立之年的男性，卻絲毫看不到自己未來的可能性。他在研究所畢業後就進入了父母一手安排的非常穩定的工作單位，工作不怎麼忙，但也沒什麼成就感，在他看來不過是混日子、洗資歷而已。與此同時，他的母親也限制了他的生活圈，他住在父母家裡，收入如數上交，因為父母「要幫他存錢」。父母對他的自理能力並不信任，包辦了他的衣食住行，所以他每天回到家後總是處於無所事事的狀態。在這樣的情況下，父母還經常埋怨他，說他不夠上進，也不著急自己的終身大事。

在他看來，他的媽媽來找我，甚至也帶著「我的兒子什麼都辦不好，這種事我要找人來幫他搞定」的意味。不勝其煩的他，又沒有物理上的空間可供躲藏，所以只能依靠遊戲營造一個屬於自己的空間。此外，因為時間與金錢的不自由，他也無法外出參與社交活動，採購新的遊戲軟硬體也不太可能。

有一款自己喜歡的經典遊戲、父母的高壓管控，以及沒有資源進行自主決策，這三個原因加起來才造成他當下的問題。而這幾個原因裡，最主要、最棘手的很明顯並不是遊戲本身。所以我給他和他母親的建議，並不是強迫或規勸他停止玩遊戲，而是讓他搬離父母的家，嘗試開始和原生家庭保持健康的距離與關係。

真正開明與信任孩子的家庭，往往不會養出一個「網癮少年」，因為吃過滿漢全席的人基本上都不會沉湎於蔥油餅。

如果你的孩子很長時間只玩一款遊戲，還非常沉迷，那你就要小心了；但如果你一開始就能給孩子足夠的機會與空間去接觸多樣的遊戲，給孩子更多自主選擇的可能性，那麼你就是在玩遊戲這件事上「富養子女」。見多了世面、養成了口味，孩子日後面對的誘惑與挑戰就會少很多。

但你可能會煩惱：我本人也不太玩遊戲，怎麼做才能讓我的孩子在這方面有個好的開始呢？作為家長，你首先需要瞭解電動遊戲的大概分類。

遊戲可分成許多種類

電動遊戲是個非常龐大的產業，就像電影有喜劇片、動作片、科幻片等分類一樣，遊戲也有不同的類型。當然，就像有的電影是「動作科幻片」一樣，有的遊戲也兼具多種特質。

總的來說，當下比較流行的遊戲從特質上區分，有以下幾個類別。

‧‧‧‧‧‧‧第一人稱射擊（FPS）遊戲‧‧‧‧‧‧‧

如果你發現你家孩子在遊戲裡拿著一把槍，而準星在螢幕正中間，那他大概就是在玩一款FPS遊戲。在二十年前，你可能聽說過《戰慄時空》（Half life）或其衍生作品《絕對武力》（Counter Strike），甚至可能你自己也玩過。它們都屬於這種遊戲類型。

FPS遊戲往往非常考驗玩家的手眼協調能力，這決定了他的槍法如何；也考驗玩家的策略制定能力，這決定了他能不能依靠精準反應絕地反撲，以少勝多。這類遊戲通常有著非常火爆的場景和飛快的遊戲節奏，槍林彈雨、機甲坦克、空襲轟炸，都讓遊戲場景既緊張又刺激。

作為家長，你要注意的是：**FPS遊戲是過度暴力情節的重災區，很多遊戲裡的戰爭場景和衝突場景，的確不適合低齡人群。不過，這類遊戲盛產經典大作，遊戲好玩，情節跌宕，也引人深思。**像《決勝時刻》《榮譽勳章》系列均是與歷史事件和軍事有關的作品，《神兵泰坦》《最後一戰》和《質量效應》系列則走的是科幻奇想風格，不管講述的是怎樣的故事，它們都有激發人投入遊戲的魅力。

大型多人線上角色扮演（MMORPG）遊戲

在這種遊戲中，大量的玩家聚集在一個伺服器中，在同樣的世界背景下共同戰鬥，彼此社交，甚至有玩家與玩家之間的真實衝突。在這些遊戲裡，玩家都需要扮演一個角色作為自己的「替身」，擊敗敵人、提升等級並與其他玩家合作、競爭。

在二十一世紀初有兩個遊戲非常熱門，一個是剛剛提到的《絕對武力》，另一個就是MMORPG遊戲的《傳奇Online》。它的影響力大到什麼地步呢？二〇〇九年，我到貴州的山區支援教育工作，教初中生英語。當時一個愛玩《傳奇Online》的後段生，平時上課都想著要早點溜到網咖去玩，突然有一天變得認真努力起來，我好奇詢問是什麼事讓他「頓悟」了，萬萬沒想到，他告訴我：「我爸答應，在我畢業考之前每天替我去網咖玩兩個小時《傳奇Online》，練功、衝裝備，我沒顧慮了，所以才好好學習。我爸說他會替我好好玩，等我念完書了再給我。」我並不是說這位父親解決孩子學習問題的方法值得推崇，我想表達的是，這類遊戲的滲透力是非常強的，而我們總有比「不許玩」更好的方法去管理孩子玩遊戲。

其實，這個遊戲對很多今天已經年近半百的人來說，基本上等於他們所有的電動遊戲經驗。除此之外，這些人如今有了當年剛玩這個遊戲時還不具備的經濟能力，所以「一個遊戲過時多年，現在靠盜版居然還能掙到不少錢」就成了中國遊戲圈的一個怪現象。很有魔幻現實主義色彩，不是嗎？

此類遊戲的佳作不斷，不管是魔幻題材的《魔獸世界》、武俠題材的《劍俠情緣3》，還是科幻題材的《星際大戰》，都有很多可圈可點的地方。

這種遊戲的優勢在於給孩子提供了一個非常複雜的系統去理解和處理。這個系統中可能有戰鬥、等級、職業、裝備、魔法、陣營、貨幣、公會等元素，是所有遊戲類型中複雜程度最接近真實世界的。所以，它帶來的挑戰與鍛鍊也很接近於真實世界。孩子們必須規劃好自己的短期目標與長期目標，瞭解自身角色的優勢與缺點，在和他人的合作中不扯後腿，調整好對於角色發展的預期，甚至需要在玩家組織中扮演好管理者的角色。這些事情在善加利用的情況下，都有可能讓孩子得到相應的成長。

然而「成也蕭何，敗也蕭何」，也因為遊戲的內建系統過於複雜，容易滋生很多孩子處理不了的問題。如果遊戲中的另一個不知性別的玩家向你家十三歲的孩子表白，該怎麼處理呢？如果孩子在遊戲中被其他人辱罵或者霸凌，我們能幫上什麼忙呢？如果孩子的角色頻繁地被其他玩家擊殺，孩子情緒很沮喪，我們又該如何與孩子溝通呢？這些問題我們會在本書其他部分專門說明，現在你只需要注意到MMORPG遊戲存在的風險即可。

・・動作（ACT）遊戲・・

這是一類比起持槍射擊更關注角色的敏捷力，再加上一點解謎色彩的遊戲。對於在一九九〇年之前出生的人來說，他們所熟悉的《超級瑪利歐兄弟》和《魂斗羅》皆屬此類。比起正面的衝突，這類遊戲更強調跳躍、奔跑、對障礙物的躲避、解決謎題。

這類遊戲非常考驗玩家思維的敏銳度與反應的敏捷性，讓玩家很有投入感。很多遊戲也會用電影式的表述手法，安排任務、串聯劇情、展現角色。這就構成了當下的ＡＣＴ遊戲和二、三十年前的遊戲最大區別之一，在敘事手法、技術手段的加持下，能展現出一個更加優秀的故事。

比如《刺客教條》《古墓奇兵》《波斯王子》系列，在情節安排與角色塑造上都可圈可點。當然，這也直接導致不少玩家會把ＡＣＴ遊戲裡的角色當作自己的虛擬偶像。如果你在孩子的臥室看到遊戲角色的海報，或者看到孩子的筆記型電腦外殼貼了一張遊戲裡的角色圖，而且這些角色一臉冷峻與嚴肅，那他大概是某個動作遊戲裡的核心角色。

不過值得警惕的是，部分ＡＣＴ遊戲並不適合低齡人群，原因很多——也許是因為比較血腥的暴力行為，也許是因為遊戲中的人物互動有著太多對成人世界的模擬，也許是因為劇情中探討的東西過於深刻複雜。

有一次，我在一個與遊戲相關的工作坊中授課，當談到自己欣賞的遊戲風格時，一個十四歲的男生很熱情主動地開始介紹一個ＡＣＴ遊戲中的角色。我立刻禮貌地打斷了他，因為他所講的這個遊戲在遊戲分級系統中並不建議十五歲以下人群玩。坐在旁邊的他母親一臉驚訝，因為她根本就沒想到，原來這個孩子天天掛在嘴邊的遊戲的製作方和遊戲產業其實一開始就說明了，這個遊戲並不適合她的孩子。關於遊戲分級的系統，我們在下一章中會專門解析。

‧‧‧即時戰略（RTS）遊戲‧‧‧

在前面介紹的幾個類別的遊戲裡，玩家都相對固定地扮演一個角色，例如懷有復國大志的王子、勇於挑戰權威的騎士或者追求終極智慧的法師。但在RTS遊戲裡，玩家往往沒有一個固定的角色，視角被陡然拉高，俯瞰全域性。你是整個戰場的指揮官、整個戰役的司令員，你要做的是安排生產、研發裝備、調兵遣將，以及組織安排各種戰鬥，不管是短兵相接還是大規模的軍團衝突。

「指揮一個陣營，打贏一場戰爭。」這應該算是對RTS遊戲的一句話介紹了。《星海爭霸》《世紀帝國》《終極動員令》系列是早期比較經典的RTS遊戲。後來，《魔獸爭霸3》也一度吸引了很多忠實玩家。

身為家長要知道：**這種遊戲非常考驗孩子對於多個目標的追蹤操作能力。**因為作為一場戰爭的樞紐與大腦，需要操心的事情實在太多了：後勤、兵種、敵方的動向……所以玩家需要同時兼顧很多事，才更有可能獲得勝利。最優秀的RTS遊戲玩家每分鐘需要敲擊滑鼠及鍵盤三百多次，以下達並調整指令。

但這個在遊戲發展史中有過光榮時刻的遊戲類型，最近幾年的發展並不順利，遠遠不及之前的流行程度。它現在的發展趨勢大概是兩個方向：一個是向移動端發展，經過優化和簡化，逐漸轉變成手機遊戲。以《部落衝突》及其衍生的《皇室戰爭》為代表，現在很多流行的手機遊戲中，依然能找到當年RTS遊戲的影子。另一個是拉高視角，變得更加接近軍事模擬遊戲，甚至更加接近政治與國際關係模擬遊戲，比如在《全面破敵：三國》和《鋼鐵雄心》中，也能體會到RTS遊戲的內容。不過，這些遊戲會涉及更多的複雜元素，玩家需要兼顧的內容會更多。

•••••益智休閒遊戲

如果你在手機上玩過《鬥地主》，那你就是一個益智休閒類遊戲的玩家。從幾年前爆紅的《2048》和《植物大戰殭屍》，到規則簡單、歷久不衰的《寶石方塊》和《連連看》，它們彼此的規則截然不同。《2048》是一款讓數字有序求和的遊戲；《植物大戰殭屍》是一款陣地防禦類的遊戲；《寶石方塊》裡三個同款寶石連成直線就會消失；《連連看》則要既快又準地將兩個相同圖案做匹配，但它們全都屬於益智休閒類遊戲的陣營。家長們普遍喜歡把它們叫作「小遊戲」，的確，這些遊戲往往短小精悍，破關所需的時間不長，或者根本就沒有所謂的破關。

在我看來，益智休閒遊戲的好處在於它們的多樣性，你很容易在這類遊戲中找到新鮮好玩的有趣元素。《憤怒鳥》剛開始流行的時候，大家沉醉於用完美的拋物線擊中所有敵人，但很快人們的注意力就被截然不同的東西吸引走了，比如《紀念碑谷》中奇特的空間轉換，或者《神之折紙》裡的色彩變化。

你總能在為數眾多的益智休閒遊戲裡找到自己喜歡的那款，也總有新作給你帶來新奇有趣的感受。

但家長們需要注意：**正因為益智休閒遊戲便攜性好、可及性強，每一局的單位時間短，這類遊戲可能會在不知不覺中消耗掉太多的時間。**這也是為什麼很多家長其實也有沉迷於這類遊戲的跡象，因為生活中沒有什麼完整的時間可以拿來玩大型遊戲，但是在開會無聊的時候，偷偷拿出手機來玩一把麻將的時間和膽量還是有的。

這類遊戲的特質很符合現在人們消費碎片時間的需求，只要有兩三分鐘空檔，就可以很方便地玩一局。加上很多益智休閒遊戲現在都以手機作為遊玩平台，玩家很容易在不知不覺中養成這樣的習慣：稍一有空就拿出手機玩一局。它們很好玩，但是它們對於孩子及成人每天生活中碎片時間的侵蝕，我們依然需要警惕。

・・・・體育遊戲

這是與現實生活最具彼此遷移效果（transfer effect）的一類遊戲。不管你在遊戲裡是多麼優秀的巫師，在現實中你都無法揮動魔杖施咒；但如果你真的很擅長某項運動，那麼在這項運動的電動遊戲中，你八成會有不錯的表現。

我有一個當司機的哥哥，最喜歡、最瞭解的東西就是汽車。猜猜他最喜歡的遊戲是什麼？就是強調駕駛樂趣與競速，還原真實世界中的多款汽車，還能改裝車輛的《急速快感》賽車遊戲。

我還見過一個在學校足球隊裡打前鋒的中學生，他不僅在球場上展現球技，在《世界足球競賽》遊戲裡也有超乎尋常的表現。在和他交流的時候，他對我說，真實的球場和虛擬的球場其實是互通的，校隊教練教的技術，可以在遊戲中先練習；而遊戲裡有些靈光一閃的戰術，也可以在實戰中和隊友使用。

這種交叉練習其實很有科學道理，因為大量的心理學研究發現，玩家在遊戲中做出某種動作的時候，大腦中與真實做出相同動作有關聯的神經元也會被啟用，這也是為什麼有的人玩運動類遊戲時會一邊玩一邊擺動身體，就是因為他們在生理層面上也是真正地在使勁。

除此之外，這位《世界足球競賽》的玩家還告訴我，他非常高興能夠在遊戲裡操作那些球星，或者建立自己的遊戲形象，加入某支隊伍，和自己的偶像合作。他非常喜歡梅西，玩遊戲時會讓他覺得「不再是梅西的粉絲，而變成了梅西的隊友」。

體育遊戲在歐美市場一直都有不錯的銷量，因為這些國家往往對籃球、足球、冰球、橄欖球、棒球，甚至搏擊運動都有比較深的社會認知程度。這個類型的遊戲也在不斷地探索更多新鮮領域，比如藉助體感來模擬高爾夫球或者網球、利用VR技術來創造三維空間中的立體競速，或嘗試將其他之前沒有選擇過的運動動作為遊戲主題，比如《極限巔峰》這款遊戲就選擇了多種雪地極限運動動作為內容，包括雙板滑雪、單板滑雪、滑翔傘、飛鼠裝滑翔，甚至還有一點雪地登山的元素。

如果你的孩子本來就喜歡某項運動，他很可能會嘗試與這個運動相關的遊戲。當然，作為家長，我們也可以積極地嘗試把這種關聯反過來，將一個遊戲轉化成孩子青睞的一種體育運動，這也是不錯的選擇。

・・・・模擬遊戲

顧名思義，所有對於生活事件的模擬，一旦被遊戲化，就可以劃分到模擬遊戲的行列。這是我最喜歡的遊戲類型之一。

早年的《大富翁4》是很多八〇後玩家玩模擬遊戲的入門之作，很多人在這個遊戲裡第一次接觸到了股市和地產。如今，《大富翁》已經推出了第十代作品。而這一大類遊戲，已發展到「只有你想不到，沒有它不包含」的程度。

你可以在《模擬樂園》裡經營一家主題公園，自己設計雲霄飛車，也可以在《監獄建築師》中做一名監獄管理員，甚至可以在《裝機模擬器》裡去組裝一臺新電腦。在不同的遊戲裡，你可以開火車、當醫生、當消防員、當警察、在街頭賣畫。我一直相信，總有比你「腦洞」還大的遊戲設計師製作出一個模擬遊戲等你去發現。

在我看來，模擬類遊戲有兩個比較大的類別。

一類是模擬經營，也就是你需要去經營、維護某個非常複雜的系統。比如在《大都會：天際》中，作為一個大型當代城市的締造者，你不僅需要留意怎麼造出精美的建築和洋溢幸福感的街區，也要注意規劃交通路網、電網、下水管道等市政工程，還要擔心工業汙染，關心城市節慶以及財政預算。與此類似的還有營運醫院、遊樂場、火車線路、農場等的各種遊戲。這些遊戲能培養一個人的組織管理能力，也可以讓人對於某些行業產生更深入的認識。

在玩這些遊戲之前，孩子們往往不知道作為一個決策者和管理者居然有這麼多要操心的事情。在其他遊戲中，玩家需要以個人的視角投入到情節的跌宕起伏之中，但在模擬經營遊戲中，會有一個更高的視角，讓玩家學會不再以線性敘事的結構，而是以網狀敘事的結構來看待事物的發展，認識到現實生活背後的種種複雜性。

這也許就解釋了為什麼喜歡玩模擬經營類遊戲的玩家，年齡普遍都不會太小，而且對於秩序性和邏輯性的要求很高，因為這些遊戲就像複雜的機器，其中盤根錯節的各種設定與資料是需要一定的經驗累積來加以消化的。

另一類模擬遊戲則是對某些特殊角色的模擬。在我玩過的這一類模擬遊戲裡，我當過國境的海關、機場塔臺的飛航管制員、靠自導自演影片來謀生的網紅，甚至是角逐二〇二〇年美國總統的候選人。每次玩完這類遊戲，我滿心的感受都是「各行各業都不容易」。有一天，我甚至玩著玩著都感覺到「我自己真不容易」。

在二〇二〇年年初，我關注到一款小遊戲，它叫作《星禮研究所》，主要模擬的是一個心理學研究生在學術上不斷深造的經歷。在這款遊戲裡，有情緒多變的導師，有浩瀚如海的論文，還有發表論文過程中面對的種種艱難險阻，甚至在你經歷了這一切之後，你的論文還不一定會被心儀的期刊收錄。

遊戲作者以自己的母校和真實經歷作為原型——雖然他沒這麼說，但情況一定是這樣，因為在遊戲中，從圖書館的位置等一系列線索中，我都能看出來作者模擬的是哪所學校。

這款遊戲在心理學碩士及博士研究生群中獲得了相當好的口碑。包括我在內的大多數圈內人都萬萬沒想到，居然可以透過遊戲模擬自己的行業，而且還有如此真切的感受。表面上，大家吐槽與抱怨在心理學科研工作中碰到的種種不順心，但這個遊戲其實賦予了我們一個寶貴機會來重新審視我們從業的初心，以及回溯我們個人的成長經歷。

在這之後，每每有人向我諮詢跨領域考心理學研究所的事情時，我都推薦他們去玩玩《星禮研究所》，它會讓你不再那麼浪漫化地設想將來的心理學研究生活，讓你提前感受到，一旦走上這條道路必然會面對的真實困難。

我想，其他優秀的模擬遊戲，同樣能起到還原某個職業的效果。如果你喜歡某個職業卻有現實的原因讓你無法從事它時，大可以靠遊戲圓自己一個夢。譬如《歐洲卡車模擬2》是一款評價很高的遊戲，這款遊戲的忠實玩家很多，他們就是喜歡開重型卡車、從事物流工作。如果你心儀某個職業，卻又不知道自己到底喜不喜歡、適不適合，也可以依靠模擬遊戲在一定程度上解決困惑，雖然遊戲不能完全還原職業的所有面向，但起碼可以讓你不至於受到太多對職業的舊有印象的影響。

我們依然有必要注意，不像「一場戰爭能分勝負，一個故事總有終章」，模擬遊戲通常不會設定一個絕對終點——城市總有優化的空間，開車總有更遠的彼端，開遊樂場也總有賺不完的錢。由於模擬遊戲具有這個特性，很多玩家會沉浸在自己規劃的目標中不願抽身。所以在孩子玩模擬遊戲的時候，需要家長幫助他們做切實有效的目標管理和時間管理。

多人線上戰鬥競技場（MOBA）遊戲

MOBA是當下最火紅的一類遊戲，並且非常年輕，年輕到我甚至沒法找到一個家長們熟悉的遊戲來做比喻。

簡單地講，你可以把這種遊戲理解成一場籃球比賽，有對壘的兩個陣營，每個玩家扮演一個角色，有著不同於他人的技能與任務，同時在競爭對手那邊有一個與自己「對位」的人。就像籃球賽一樣，雙方人數相等，大家各司其職，有一對一的對抗，也有多對多的博弈。

當下非常流行的《英雄聯盟》和《王者榮耀》都是屬於此類遊戲，這麼一說，我想很多家長就會回過神來：「哦！原來就是那個遊戲啊！」

這類遊戲最大的魅力也與籃球比賽一樣，在於以下三點。

一是玩家要在有限時間和高壓環境下做出關鍵決策。MOBA遊戲的節奏往往很快，涉及的操作也不少，要想獲勝，玩家需要既關注面前的敵人，又注意到整體的時局動態。壓力感、快節奏以及明確的獎懲機制，都會刺激玩家高度投入。

二是團隊成員之間的合作。就像在籃球場上組織進攻與組織防守一樣，雖然的確存在靠一個人以少打多或者力挽狂瀾的情況，但是在大多數情況下，團隊成員間的有效配合都是首選。MOBA遊戲中多個角色之間的配合、技能的銜接，甚至戰術上的安排，都可以讓玩家回歸到人與人之間最基本的積極互動——合作。

三是人與人之間的競技性。在MOBA遊戲中，玩家需要戰勝的往往不再是強悍的怪獸，而變成了另一批真實存在的玩家。在團隊和團隊的競爭中，技高一籌的感受可以給玩家帶來極強的自我效能感（Self-efficacy）。奮力不懈之後的勝利，更會給玩家帶來價值感。

很多家長最嗤之以鼻的恰好是上述三點。當孩子高度投入時，他們說：「就只在意遊戲，正經事一點都不努力！」當孩子與他人合作、克服困難時，他們說：「只會跟網路上的人一起打遊戲，也交不到真朋友！」當孩子贏了，他們還會說：「光是遊戲打得好，又有什麼用？」

這些都是在孩子產生正向感受時，家長潑給他們的冷水。

這當然不是我所認同的交流方式，因為從另一個角度看，憑藉同樣三個特徵，**只要家長順著情勢發展，完全能讓孩子鍛鍊出壓力下的正確反應能力、對他人行為的預估與回饋能力，以及更強的自我認同**。

帶著這樣的態度去引導孩子，將從遊戲中獲得的收穫最大化，要比那些潑冷水的負面反應高明得多。以對遊戲和玩家的共同否定來批判孩子，所導致的結果無非是孩子背著我們更頻繁地玩遊戲，我們就越難參與孩子對遊戲時長與強度的管理，或者孩子索性自暴自棄：「既然你說我一無是處，那我就一無是處給你看。」

不過話說回來，**因為MOBA遊戲實在太好玩，它也是現在對孩子做遊戲管理的重要戰場。它的風險因素有很多，比如在遊戲中隊友之間的互相謾罵、連續輸掉幾場的挫敗情緒，以及遊戲內的付費機制，都是作為家長需要留心的地方。**

遊戲的類別遠遠不止上面提到的這些，不僅如此，對於現在越來越多的遊戲，我們也不能一刀斷定它究竟屬於哪一類。很多新遊戲兼具模擬遊戲與動作遊戲的特點，或者在益智遊戲裡安插體育遊戲的元素，創新性一直是遊戲行業的特點，今天的我們很難預估明天會有怎樣的遊戲大行其道。

無論如何，瞭解上面這些經典與普及的遊戲類型，家長就大概瞭解在孩子面對諸多遊戲產品時，能夠從管理的角度做怎樣的大致區分。

沒有哪一種遊戲是完美的，就像沒有哪一樣食材能夠兼顧所有的營養。即使是口碑再好的遊戲，也並存著成長的機遇和潛在的風險。作為家長，我們要**讓孩子玩到他喜歡玩的、能夠有效管理風險的、能夠促進孩子成長的好遊戲。**

在瞭解遊戲的類型區分之後，我們必須要從父母的角度深入討論一下什麼樣的遊戲才算得上是好遊戲。

為什麼不能讓孩子「想玩什麼就玩什麼」？

孩子在想玩某一款遊戲的時候，往往高度感性。他可能出於對遊戲商業宣傳的認可，可能因為班上有很多同學都在玩，也可能因為對於遊戲的題材和呈現形式感興趣……在各式各樣的原因驅使下，他或許會來找你借手機下載這款遊戲，或者找你預支零用錢來購買遊戲，或者請你幫忙給他在遊戲商城裡買一些裝備，甚至找你跟他一起玩。

但是他們往往缺少這樣一個習慣：**分析一下遊戲真正的好壞利弊，然後再決定自己的投入程度**。

也許有人會覺得這太功利了，為什麼不能讓孩子想玩什麼就玩什麼呢？難道我們讓孩子玩遊戲，還要先做投資和產能的規畫表嗎？同樣是放鬆休閒，看電影、看電視劇之前，為什麼不需要去衡量這些呢？

我承認，玩遊戲最主要的功能之一就是「紓解情緒」。而只要玩自己喜歡的遊戲，基本上都能玩得高興。但是，玩遊戲和興之所至去看場電影、看課外書還是有區別的。況且作為家長，我們其實也不會讓孩子想看什麼電影就看什麼電影、想看什麼書就看什麼書。

投入單一遊戲的時間可能比想像中還長

我想，對於大部分的人來說，絕大多數電影都只會看一遍，絕大多數用於消遣的書也是一樣。一部電影通常不會超過三個小時，而如果你有良好的閱讀能力，讀完我們這本書所需要的時間大約在六個小時左右。但現在以劇情為主要賣點的遊戲，通關時間普遍在三十個小時左右，而像體育遊戲或線上遊戲的通關時間更是難以估算。你知道從二〇〇六年至今，我在《魔獸世界》花了多少時間嗎？超過兩千個小時。

不管是好遊戲還是壞遊戲，基本上都要長時間投入地玩，既然如此，我們為什麼不優先選擇「好遊戲」呢？

流行的遊戲不一定是好遊戲

在你所處的行業裡，可能存在「劣幣驅逐良幣」的情況，在遊戲圈中也是一樣。遊戲早就過了三十年前作為稀有品、閉著眼挑都樣樣好玩的時代，也早過了「酒香不怕巷子深」的口碑營銷時代。如今，很多好遊戲始終是小眾，而很多在銷量榜上排名在前的遊戲其實徒有其表。如果我們把遊戲當作值得品鑑的藝術品，你會發現，就像鑑賞其他藝術品一樣，大多數玩家的品味其實並沒有多高。

此外，很多大公司會在利益的驅使下蠶食小製作遊戲的市場占比。這樣的情況時常發生：某個小工作室做了一款從各方面來講都非常不錯的遊戲，但多少還需要點時間去修正、成長，可在這不長不短的孵化過程中，資金雄厚、人員充足的大公司卻可以趕工做出一款類似的遊戲，先擠掉前者的市場地位，並以高額的投資加以推廣和宣傳。原先的好作品就難有出頭之日。

作為玩家和玩家的父母，我們沒有義務挽救某款遊戲的命運，但我們起碼可以保護自己與孩子不被別有居心的遊戲公司操縱。要做到這點，就有賴家長幫助孩子做好電動遊戲的預先甄選工作。

家長參與遊戲的選擇，能強化共遊的可能性

很多時候孩子未必願意家長參與到自己選遊戲的過程中，也未必願意玩家長選的遊戲。但如果家長在給孩子選擇遊戲的同時，還發出「親自下場」的訊

號，邀約孩子共同參與的話，情況就會截然不同。

單獨玩或不玩某款遊戲，是一種自主的認知決策；是否接受來自他人一起玩遊戲的邀約，則是與社交相關的情感決策。既然要做好親子共遊，當然不能隨便拿一個遊戲就開始玩，提前選出一款好遊戲，就是適當的做法。

挑選「好遊戲」的原則

那麼什麼樣的遊戲，才能納入「值得一玩的好遊戲」的範疇呢？

從我做父母、當老師、從事心理學研究，以及玩大量遊戲的綜合經驗來看，我覺得有三條黃金原則和三條否定基準。

・・・新知性

幫孩子選遊戲時要考慮的第一條原則，是這款遊戲必須具備新知性，亦即孩子透過玩這個遊戲，**不管是在知識面還是在思想意識層面，能獲得智識上的提升**。

有一次，我搭飛機路經東南亞，機艙地圖上出現了兩個城市：馬辰和登巴薩。這兩個很多人從沒聽說過的城市，我卻很熟悉，因為它們是我童年時代最愛玩的遊戲之一——《大航海時代4》裡出現的兩個港口。

而《大航海時代4》之所以被我奉為一款經典的模擬經營類遊戲，就是因為它有著豐富的地理和歷史方面的新知性。玩過這款遊戲，就能基本掌握世界上的主要貨運航道和重要港口，甚至一些地域特產和風土人情。

二〇一八年在Sony Play Station平台上有一款獨家遊戲熱銷，名叫《底特律：變人》。它之所以成為爆紅商品，不僅僅是因為高度擬真的畫質，更是因為這個作品探討了一個非常深刻的話題：產生了情感和意識的機器人，到底應不應該有與人同等的權利和生命意義。隨著劇情的深入，遊戲對每個玩家都展開了一次道德觀和價值觀的拷問，它給我帶來的思考與震撼並不亞於小說《三體》和電影《駭客任務》。

《刺客教條：奧德賽》是一款以古希臘作為歷史大背景的遊戲，有著精細的畫質，而且為了劇情的需要，高度還原了包括雅典衛城在內的古希臘多個地區。我第一次開啟這個遊戲時，並沒有急著進入劇情開始探險，而是點開一個遊戲開發者留下的獨特選項：發現之旅。

在這個特殊的功能裡，遊戲向玩家展示了虛擬還原的古希臘，甚至還安排了好幾個博學多才的導遊，專門帶著玩家參觀那些經典的建築。你可以指揮自己的角色走進雅典的市場，混跡於公元前五世紀的勞苦大眾之間，瞭解他們的日常生活；你也可以參觀雅典衛城，導遊甚至會為你指出考古發現的文物所在；你還可以進行專門的政治學體驗，從遊戲角色的討論中瞭解古希臘的城邦制，透過觀看演講臺上的演講者體驗當時的選舉制度如何運作。

注重新知性的小品級遊戲也有很多，比如《科學溯源》會讓玩家來到十七世紀的歐洲，那正是「科學大發現」的時代。玩家本人可以扮演十四位當時的科學家之一，包括牛頓、萊布尼茲、惠更斯等等。你需要努力做好自己的科學研究工作，並選擇天文學、力學、熱力學、生物學、光學或數學作為自己的畢生事業，爭取率先發明折射式望遠鏡或者機械計算機，或者率先正式提出微積分。當然，在遊戲過程中你需要提升個人能力，遴選課題、做好研究、取得成果並發表論文，甚至可能還要考慮是否用一些不光彩的手段來保持自己的競爭力，讓你在這個科學還不為公眾所知的時代，成為近代科學的奠基人。

從地理與歷史到科學與政治，遊戲賦予孩子新知的例子不勝枚舉。

遊戲並不能憑空產生，它總有素材。就像建材與建築的關係一樣，好的素材才能構築好的遊戲。這些好的素材，往往有著不限於遊戲的價值和意義，這就是為什麼透過遊戲可以展現文化、歷史、地理、政治，為什麼玩遊戲可以成為促進孩子成長的有效路徑。

審美性

我們選擇遊戲的第二個原則是審美性。

遊戲本身具備成為藝術的所有要素，其中自然包括在美感上的表現。一款好的遊戲應該如同一件好的藝術品一樣，讓人在審美層面有所收穫，如果收穫深刻，那就是深刻的美。換句話說，好遊戲的重要表現之一，就是讓人在審美上有優質的收穫。

這種審美感可能來自於感官的刺激，比如精緻的影像、震撼的音效，甚至模擬招架敵人進攻時武器（遊戲手把）的震動，很多遊戲在這方面已經做得爐火純青。考慮到硬體發展的「摩爾定律」以及VR技術和AR技術的快速發展，這個層面的審美，門檻會越來越低，體驗會越來越好。

這種審美可能會讓玩家覺得「爽」，它很重要，但不是唯一重要的。因為審美本身有更廣的意味和更深的層次。

比如像《風之旅人》這樣的遊戲，並沒有什麼拳拳到肉的打鬥情節，但是卻給人非常好的「療癒感」，這也是一種審美體驗。《風之旅人》讓我們看到了遊戲表現美的更多可能性，也給自己贏得了不少大獎。在這款遊戲裡，無論走到哪裡，感覺看到的場景都是一幅畫。遊戲難度不大，節奏也慢，非常有利於放鬆情緒，有的心理治療師甚至會用這個遊戲給來訪者做放鬆治療。

再以《救火者》作舉例，這款遊戲講述了一個人因為生活的種種緣由，隻身進入大山，在瞭望塔上擔任一名護管員的故事。在執行警惕山火的工作任務時，透過對講機，他和身處另一個瞭望塔的護管員開始了一系列的交流——這構成了遊戲最核心的主線，但直到遊戲結束，他都沒有見到這位電波端的知己。在崇山峻嶺中，落日與落寞同在。在孤獨之中，有著一絲與外界的交流，但這種交流又很不穩定，這是在遊戲中非常真切的感受。玩過這個遊戲之後，我就像看完了一部沉重的小說，對於「孤獨」有了更深層次的認識。

很多遊戲設計師都認同這樣一句話：**電動遊戲的終極目的是人文精神**。對此我也深有同感。電動遊戲並不一定是淺薄、及時行樂與感官刺激的代名詞，它不一定要靠逼真的視覺效果和通俗老梗的故事情節吸引目光，它完全可以用真誠的方式震撼玩家的心靈。

孩子讀世界名著我們能接受，孩子看經典電影我們也能接受，那麼在瞭解會有良好的審美影響和觀念傳遞的情況下，為什麼不能讓孩子玩一款真正的好遊戲呢？

趣味性

最後一條原則是，玩遊戲的人能在遊戲過程中獲得一種**純粹的快樂**。

所謂純粹的快樂，就是一種非常基礎的、讓人感覺到愉悅的遊戲體驗，比如劇情的起承轉合、排除萬難後巧妙地戰勝關底BOSS、和他人之間默契的合作，甚至看到一座山後費力爬上山頂看看風景。

它的反面，則是一種被設計出來的快樂，比如套路滿滿的抽轉蛋和開寶箱，或是花錢就能得到強過別人的裝備。

你最早接觸電動遊戲的時候，有沒有玩過一款讓你在不知不覺中就度過幾個小時的遊戲呢？它可能不貴、不複雜，畫面也未必多麼優良，但它就是有一種讓人停不下來的「好玩」。從經典的《超級瑪利歐兄弟》到近些年的《薩爾達傳說：曠野之息》，有很多遊戲都是能給玩家帶來純粹快樂的典範。

的確，遊戲可能有形形色色的好處和意義，但是從根本上說，好玩是最重要的。如果我們找到一款從各方面來看都益處多多的遊戲，但就是一點都不好玩，那麼讓孩子玩這款遊戲和硬塞給孩子一本古板的教材有什麼區別呢？

當下，遊戲的不好玩有兩種，一是上面說的那種「沒意思」，二是下面要講的「套路深」。

越來越多的遊戲，迫於發行方的盈利需求和營運方的績效考核，開始更常採用一些歪門邪道的斂財手段。遊戲中大多設定的目的不再是為了增加趣味性，而是強迫玩家投入更多的精力、時間和金錢去做很多沒意義的操作。這是我們在幫孩子選擇遊戲時要非常留意的事情。

不少遊戲號稱免費，但「免費的往往是最貴的」，家長不能認為幫孩子選擇這些遊戲就意味著不用投入什麼成本。恰好相反，越是進入門檻低的免費遊戲，孩子玩起來越容易面對各式各樣的挑戰：層出不窮的消費陷阱、糟糕的遊戲體驗，甚至其他低素質玩家營造出的不良環境。

就像有垃圾食品一樣，也有「垃圾遊戲」。有的食物沒營養、不好吃，長遠來看弊大於利。有的遊戲也是類似的，沒內涵、不好玩，長遠來看，玩了不如不玩。

所以我們才應該堅守挑選遊戲的黃金原則：新知性、審美性和趣味性。當然，這三點兼備的好遊戲其實很難得，所以我建議各位家長在給孩子選擇遊戲的時候，不妨適當放寬標準：三者佔其二，就是一款值得嘗試的好遊戲了。

既然對新一代人來說，玩遊戲無可避免，那麼提前甄選，給孩子提供優質的遊戲，就是每個家長的必修課。家長必須明白，要摸清一款遊戲的風格需要時間，也不可能一下子就搞清楚各款遊戲到底在新知性或審美性上的表現如何。

‧‧‧‧‧遊戲的否定基準

因為家長自己不玩遊戲，所以給孩子選遊戲的標準往往也很模糊：不要錢的免費遊戲、最近流行的遊戲、被大力宣傳推廣的遊戲……這些遊戲統統都是別人告訴你「應該要玩」的，但並不是你甄選過後覺得孩子「適合玩」的。

對於上述三條黃金原則的實踐，你需要慢慢練習，而下面有三條「否定基準」，你不用練習就可以直接參考，以避免一些流行的「垃圾遊戲」給孩子帶來負面的影響。

有很多遊戲，我本人和我家的孩子都不接觸，雖然這些遊戲可能很流行，甚至可能真的很好玩。但我不贊同的原因就在於，這些遊戲觸及了我所認為的「否定基準」中的其中一條：**遊戲中的社交有太多的負面資訊、誘導道具付費、缺乏情節或知識。**

簡單解釋一下這三條「否定基準」。

比如說，俗稱「吃雞」的《絕地求生》這款遊戲，預設是開放式語音的，也就是說遊戲中的其他玩家只要在你旁邊，就可以直接和你對話，其他玩家之間說的話你也能聽見。

在有些情況下，遊戲環境會導致玩家互相謾罵，甚至會有玩家在語音裡播放暴力、淫穢的負面資訊。我甚至還聽說過，有玩家在遊戲裡公開播放送葬曲等喪葬音樂，就是為了向別的玩家找碴。雖然你可以遮蔽別人的語音，但是這種遊戲在多人模式下很大程度上就是依靠合作進行的，所以語音必不可少。這樣看來，倒不如直接不玩算了。

除此之外，雖然很多網遊與手遊都可以免費玩，但其中存在了「誘導道具付費」的問題。在遊戲圈中，有一種叫作「課金玩家」或者「台幣戰士」的稱呼，就是指靠在遊戲裡不斷砸錢來提升裝備與屬性的玩家。這直接導致很多遊戲的趣味性大打折扣，形成免費玩家被付費玩家單方面壓迫的局面。在我看來，玩這些遊戲就是「花時間找罪受」的典型，也極容易導致玩家因為心理不平衡而大量付費——這違背了透過遊戲實現成長的初衷。

最後一點就是缺乏情節或知識。許多粗製濫造的遊戲，都缺乏優秀的情節和知識量來支撐它們的內涵。

像《星海爭霸》展現的宏大宇宙觀、《魔獸》系列的情節甚至可以改編成一部氣勢恢宏的電影、《世紀帝國》系列蘊含的歷史知識……都是造就精品的原因。就算是《植物大戰殭屍》這樣的益智類小品遊戲，也都有一個還算不錯的主線情節。如果一個遊戲真的很缺乏內涵，那就沒有必要為它花時間。你可以這麼想：連做這個遊戲的人都不怎麼用心了，一個玩遊戲的人為什麼要那麼投入呢？

也許你之前玩過的遊戲不多，卻又希望能夠透過遊戲促進孩子的成長，改善與孩子的關係，你要做的第一步並不是興沖沖地跑到孩子身邊，對他說：「我們一起玩遊戲吧！」就像你要跟孩子出門打籃球，你要做的第一件事應該是買個籃球，再帶著它去找孩子：「我們一起去打籃球吧！」

所以你最好先選擇一款能說服自己，也能打動孩子的好遊戲，它將解決你「巧婦難為無米之炊」的窘境。現在讓我們假設遊戲已經選好，孩子很有興趣，而你充滿期待，你與孩子一起坐在螢幕前了——你可不要玩得太投入，而鬆下了這口氣，因為就算親子共遊幫你規避了大量風險與衝突，也還有很多問題與麻煩才剛剛開始。

親子問題相談室

「我知道很多流行的遊戲其實並不優質，但怎樣才可以幫孩子找到可靠的遊戲呢？」

在選擇遊戲的過程中，我個人往往採用這樣的方法：如果一個遊戲能出第二代，那麼應該能說明第一代還不錯。並不是說，買遊戲就要買那些過氣的商品，而是要「讓子彈飛一會兒」，給一款真正的好遊戲一些時間，才能讓口碑發酵。

你和你的孩子不一定總要玩最新、最潮的遊戲。一方面，買這些遊戲是筆不小的支出；另一方面，越新的遊戲對於硬體的要求越高，所以很可能意味著須付出額外的一大筆消費。同時，這筆錢也不一定會花得值得，因為新作、大作不一定就是經典，也不一定真的匹配個人的口味。

所以對於那些剛上市的遊戲，我往往抱持著觀望的態度；對於那些話題性高、搶手的遊戲，我則時刻警惕資本在其背後的貪婪運作。

除非是一些本身不貴而且玩法新穎的獨立遊戲，我會立刻買下來玩玩之外，對於那些費用比較高的大型遊戲，我和孩子的採購時間點，基本上都是遊戲發售半年甚至一年之後。往往這時候，不管遊戲剛發售時標價多高，都已經掛上了一個很有誘惑力的折扣了。

不過這依然不是我選擇買它的唯一理由，還有一些因素會直接影響我是否出手：這款遊戲在媒體和玩家群體中的口碑如何？我周圍的朋友有沒有人向我推薦？遊戲網站有沒有給這款遊戲開設專門的主題頁面和討論區？

如果你依然覺得搜尋這些資訊太麻煩，那也可以跟孩子一起在網站上直接搜尋這些遊戲的影片，看看一些遊戲實況主或遊戲影片製作者玩這款遊戲的錄播內容，以及對這款遊戲的評價，再共同做決定。

「孩子讓我給他買一款遊戲，原因是班上其他同學都在玩，他們也都花了這筆錢。我該不該買了？」

第一，別的家長怎麼做對你怎麼做沒有絕對的指導意義。

在處理自家孩子的問題時，家長如果覺得有不對勁的地方，當然可以表達自己的管理決策。如果你覺得不買這個品質不高但流行的遊戲，從長遠來看好處更大，那我完全支持你的決策。

第二，很多孩子不是為了想玩遊戲而要家長買遊戲的。

在我上小學的時候，我大哭著向父母抱怨過，說我是全班唯一一個沒有自動鉛筆的人。我之所以這麼做，並不是因為我多麼想要一枝自動鉛筆，而是因為我不想顯得和其他同學格格不入。

這麼多年過去了，只不過是當年的自動鉛筆變成了今天的智慧型手機或者某款遊戲。對於特定年齡層的孩子來說，在社交上必須「融入群體」，只是，實現方式在大人看來有些匪夷所思。如果孩子真的有融入群體的困難，我們應該去向老師求證，或者與孩子談談有沒有更難以解決的困擾需要我們提供幫助。

第三，我認為持有「不想買這款遊戲」態度的家長一定不止你一個。

我們認同好遊戲的價值，也要警惕壞遊戲的風險。所以我們完全可以試著找找看有同樣態度的家長，讓兩家的孩子與家長在這件事上組成一個小小的聯盟。你們甚至可以在幾個聯盟家庭裡推行其他真正優質的遊戲，並實行有效的管理。

CHAPTER 6

最佳管理方式就是成為孩子的玩伴

與孩子共遊，可促進親子關係

讓肩並肩代替面對面

根據調查，有九〇%的學齡兒童會玩遊戲，但是全世界電動遊戲玩家的平均年齡是三十三歲。這說明什麼呢？說明你的孩子的確在玩遊戲，但與此同時，構成玩家群的主體其實是大量的成年人。那麼，既然大人和孩子都在玩，為什麼不一起玩呢？

只要你願意，遊戲完全可以成為你和孩子之間關係發展的重要催化劑。

每次和家長們談到孩子玩遊戲這件事時，我都會強調兩點：一是遊戲能夠賦予孩子成長力；二是對孩子玩遊戲的最佳管理方式就是成為孩子的玩伴。

為什麼呢？用進化心理學家戴維．巴斯的觀點來說，人與人之間的交流模式主要有兩種：一種是面對面的，就是「你說我聽，我說你聽」，運氣好的話能彼此溝通，運氣不好的話就變成了單方面的碎碎念。另一種是肩並肩的，就是我們一起去做某件事情，不管是原始時期的狩獵，還是現今的打麻將，都屬於這一類。

很多家長與孩子交流的模式都是面對面的。一部分是因為實在沒什麼事情需要兩代人同時去做，面對學習，孩子需要做，但家長不樂意做；面對家務，家長雖說不樂意但也不得不完成，並且多數情況下如果孩子要來幫忙，還會說幾句：「趕快去讀書！別來幫倒忙！」

面對面的交流總是容易產生矛盾和衝突，就像我爸和我媽，好端端地坐著聊天時，卻總要找一些話題來討論，結果有時一抬槓就會吵架。但同樣是兩個人單獨相處，只要讓他們合作做一些事，比如一起包餃子，一個擀餃子皮一個包餡，就從來不吵架。因為在這個過程中，少了誰都不行，誰批評了誰也不合適，超越語言的默契在流通著，手頭有任務需要完成，對於對方的那些評價或異議，當然也就能稍微擱置一旁。

作為父母，你可能也發現了，每次和孩子面對面溝通時，就容易著急。你好心好意給他建議，他不樂意聽；你可能嘮叨了幾句關於他最近的學習習慣，他覺得你在挑剔；你跟他掏心掏肺地講自己的真實感受，他充耳不聞。

既然面對面沒有用，那我們不妨換個思路，轉換到肩並肩的交流模式。在這種模式中，有任務作為溝通的主題，有及時的刺激讓你們彼此互動交流，更重要的是，你們可以暫時擱置父母、子女的角色桎梏，以平等的合作者身分好好說話。

你們可以一起去運動或是去旅行，還有一種便捷有效的方案：你們可以選一款好遊戲，拿起遊戲控制器，或是把手握在滑鼠或鍵盤上，這時，你們同樣已經做好了肩並肩一起努力的準備。

親子共遊，其實很有必要。

第一，家長本人成為玩家，可以讓遊戲成為親子互動的重要平台。

第二，孩子年齡較小時，家長參與進來，可以在孩子力有不逮的時候幫忙。

第三，參與本身就是管理的契機，因為你是孩子的玩伴，所以你的建議更容易被採納。

在這段親子共遊的歡樂時光裡，遊戲將成為載體，更好的親子關係和孩子的成長是我們的目的。

和孩子一起玩遊戲，家長要扮演什麼角色？

在某次演講中，我談到「親子共遊」，一位母親問我：「雖然我願意跟孩子一起玩遊戲，但我不是遊戲玩家，如何跟孩子一起快樂地玩呢？」

我的回答很直接：「先從定義什麼是優秀的玩伴開始。」

之所以這麼說，是因為我發現很多家長在跟孩子玩遊戲的時候，其實不太清楚自己的角色是什麼。一派人佛系地隨便參與，另一派人隱忍著脾氣準備隨時讓孩子停下，這些其實都不對。

那麼，和孩子一起玩遊戲時，家長到底要扮演什麼角色呢？

首先，你不是「老師」。孩子玩遊戲的時候可能需要你的建議，但是他肯定不想要你的「指指點點」。遊戲中讓人感覺最好的部分之一，就是自己去挖掘各種可能性，或者尋找通關的訣竅、法門。作為遊戲玩家，我們希望有人能跟我們商量，而不是給我們各種指導。

其次，你不是「教練」。我們不妨想像一下，假設你喜歡玩一款賽車遊戲，而另一個玩家總以教練的身分和口吻與你交流：「這個賽道，你怎麼比上次慢了三秒！剛才那個彎，能那樣過嗎？你這麼不認真，怎麼可能得第一呢？一點都不上進！隔壁家小明都打到第十二關了，你連第九關都打不過！我出門都不好意思和小明的媽媽打招呼！」

玩遊戲的進取心是自發的，而不是被一個教練吆喝著灌輸的。不過，如果你想讓孩子停止玩某個遊戲，不妨試試在這個遊戲上給他當教練吧！這往往能發揮奇效，因為你會毀了他所有的遊戲體驗。

最後，你不是「手下」。很多家長由於不太熟悉遊戲機制、玩得並不好，因此和孩子共遊的時候總表現得非常「抱大腿」，或者帶著「只要你高興就好」的心態。如果你有過認真玩遊戲的經驗就會知道，比起和這樣的隊友一起玩，你甚至寧願自己一個人玩就好。從二十多年前的《松鼠大作戰》到現在的《鬥陣特攻》，分工與合作是許多遊戲的核心屬性，如果家長本人帶著無所謂的態度去遊戲，很容易淪為孩子眼中的下一個「豬隊友」。

所以，請時刻牢記：**親子共遊時，你是孩子平等的玩伴。**

平等的玩伴之間既不會有太功利的訴求，又能擁有互相扶持的關係。而平等共遊的最典型表現，我想應該回歸玩遊戲的初衷，那就是：**孩子玩得開心，你也玩得開心。**

拿這個標準去評估你們遊戲時的情況：如果你開心而孩子不開心，那麼也許是你表現得太強勢了；如果孩子開心而你不開心，那麼也許是你沒有得到你期待的重視；如果你們都不開心，那麼很可能是因為你想要的和孩子想玩的根本就不在同一個頻道上。

遊戲是親子共處的一種方式

每逢週末，我都會和我家大兒子一起用Switch玩兩局《瑪利歐賽車8》。這是孩子開心大人高興的親子時光。有時候，我們大可不必過於功利地賦予遊戲過多的訴求，遊戲嘛，玩得高興就已經夠本了。

就像看一幅名畫，你不一定要買回家，也不一定要學習畫一幅一模一樣的畫。你去欣賞畫的美，有過這樣的體驗就夠了。所以我覺得，雖然我們之前已經談了遊戲可能給孩子帶來的各種成長機會，但遊戲帶來的最純粹的好處應該是孩子和父母共處的美好時光。

我家孩子現在還小，所以玩《瑪利歐賽車8》就滿足了需求。此外，作為經典的合作遊戲的《胡鬧廚房》，萌萌的角色造型和做飯的主題也能發揮效果。很長一段時間裡，我每天早上送孩子去幼兒園，從停車位到幼兒園門口的那一小段路上，我們都要模仿一下瑪利歐賽車的情節，來一場小小的比賽。

在很多家庭裡，遊戲被當成了獎勵或者懲罰的機制——「你真乖，去玩iPad吧！」、「你今天這麼不聽話，晚上不許玩遊戲！」

我認為，只有跳出這種模式，讓遊戲成為生活中親子共處的一種方式，才能發揮出它的各種積極效果。晚餐後的時間裡，與其媽媽滑手機、爸爸玩平板、孩子無所事事，若能一起玩玩遊戲，也是很好的。

我們家有Switch，有搭載了VR裝置的PS4，還有PC。這些裝置上的遊戲，都應該符合三個目標：讓我兒子玩得開心，讓我玩得開心，讓我兒子和我一起玩的時候都能開心。

這三個目標實現了，就自然會產生兩個我最期待的親子共遊的好處。

第一，親子之間更多的交集和話題。在很多家庭裡，你會發現父母其實並不太瞭解孩子的一天是怎麼度過的。他們每天一早就分開活動，晚上孩子可能由爺爺奶奶接回家或是去上安親班，父母兩人若又加班，到家沒多久，全家人都要就寢了。沒有什麼事情是孩子可以和父母一起做的，親子之間可供溝通和交流的素材少之又少。在這樣的情況下，父母往往會因為自己對孩子缺乏瞭解而產生焦慮，於是自然而然地愛過問孩子的學習情況或者生活，一過問又有可能產生落差，便少不了數落和責備，但又缺少實質性的指導和建議。最終家長不滿意，孩子也不高興。

第二，**遊戲除了能作為聊天話題，還能增進親子有更深入交流的可能性**。你和孩子如果沒有交集，自然也就沒什麼可聊；如果孩子和你關係不好，你對他的影響力自然也就很小。藉由一起玩遊戲的美好體驗，我們能夠同時把這兩個問題解決掉：一方面，孩子有了更多可以和我們交流的內容；另一方面，我們和孩子靠遊戲培養起來的堅實感情，能讓他更加信任我們，也能讓他更願意接受我們的觀點與態度。

有了好的父母、好的遊戲和好的體驗，怎麼可能沒有好的親子關係呢？而好的親子關係，是培養好孩子的土壤。

‧‧‧‧‧‧‧‧共遊是親子交流的入口

曾經有一對父子來找我諮詢，原因不是孩子玩遊戲，而是他們之間的關係非常糟糕，彼此的衝突不斷，父親覺得孩子一無是處，孩子則覺得自己從沒感受到父愛。或許有的家庭會覺得這就是父子間的正常模樣，但這對父子認為他們的關係還是有改善的空間和必要性。

除了正式的溝通和晤談之外，我還推薦這對父子玩一個遊戲，叫做《癌症似龍》，讓他們一起玩一玩，並相約下次見面的時候再一起聊聊這個遊戲。

我之所以向他們推薦這款遊戲，是因為這個遊戲用一種非常獨特的視角去闡釋了親情。遊戲的製作者是一對夫婦，丈夫萊恩．格林是一個獨立遊戲開發人員。格林夫婦育有三個兒子，小兒子約珥在一歲時就被診斷出罹患癌症——非典型畸胎瘤横紋肌樣瘤。當初醫師表示，孩子的生命只剩下四個月。

但是在父母和哥哥們的悉心照顧下，約珥的病情還算穩定，一直堅持了三年。直到一次複診後，醫生告訴這一家人：病情急劇惡化，孩子可能快堅持不住了。最終，小約珥在二〇一四年離開了人世。

很多人覺得這個故事並不適合改編成遊戲，但是約珥的父母並不這麼想。他們回顧了過去的四年來，癌症如何像一條黑色的惡龍一樣摧殘著孩子的精神和身體，而父母能為他所做的又實在太有限。但無限的，是來自父母的愛。

夫妻二人把孩子短暫的生命歷程轉化到了遊戲之中，讓更多的人來感受他們夫妻倆的情感。父親總是沉默，擔憂地看著孩子；母親卻總是表現得很樂觀，即使心裡明白即將面對的是什麼，也盡自己所能地讓孩子在每分每秒享受快樂。父親不願意把孩子的哭聲錄到遊戲裡去，我能理解，他打心底希望有一個體驗著純粹幸福的孩子；但母親卻覺得哭聲與笑聲同樣有意義，不管在哪裡，孩子都是他自己。

從出生時的喜悅，到病榻前的糾結，遊戲還原了這個家庭在過去四年裡豐富的生活細節，每一段文案、每一個道具甚至每一處光影，都有著真實世界中的原型。

這個遊戲也很「致鬱」，因為不管你在遊戲中做出怎樣的抉擇，最終的結局都是失去這個可愛的孩子。很多人在體驗過這款遊戲後會聲討這種設定，但我本人不這麼想。遊戲的存在，並不一定只是讓你考慮怎麼去「贏」而已。

遊戲的存在，也可能正是讓你去體驗、去感受、去瞭解別人的契機。也許這個遊戲的初衷，就是讓你感受面對絕症的無力感，以及來自父母的也許短暫但依然深沉和無私的愛。對那些太過自我的心靈發揮喚醒的作用，這同樣是遊戲能帶來的好處。

而這正是那對來求助的父子最需要的幫助。父子倆一起花了幾個小時玩遊戲，彼此之間沒有什麼探討和交流，在玩遊戲過後，雖然有情緒，也沒有什麼討論。這是習慣使然，但並不意味著他們沒有收穫。

在後來我與他們一對一的交流中，父子倆都提到了這次肩並肩一起玩《癌症似龍》的經歷：兒子提到父親會迴避遊戲中那些展現父愛的場景，當那些場景出現時他看向父親，父親會扭過頭去，不願意展示自己的表情，他想也許父親本身就不善於直接公開地表露感情；父親提到遊戲讓自己想到孩子剛出生的時候，因為工作關係，他沒法像遊戲裡的父親一樣，花那麼多時間、那麼親密地陪伴孩子，也是因為這個原因，讓他面對孩子時總有一種「怎麼突然就長這麼大了」的感覺，孩子的特點、喜好、習慣，他都不太瞭解，更不知道是怎麼來的。這種陌生感與距離感，讓他在面對孩子時無法從容應對，更多的是不知所措。

問題浮出了檯面，解決問題也就有了突破點。電動遊戲如果使用得當，就會給親子交流提供一個入口。

遊戲帶來的感知與改變往往是自下而上的，伴著體悟。但就算是同樣的道理，從專家口中說出的評價與判斷，難免帶有一點生硬說教的意味。對當事人來說，主動在體驗中發現並解決問題，總比被動地被貼上標籤要好。

在我的工作經驗中，很多家長和孩子之間的關係未必嚴峻到如上述這對父子的程度，但家長們也很想藉助親子共遊的力量，讓孩子獲得更大的成長空間。可是在嘗試的過程中，多少會碰到一些問題。這些問題如果處理得當，遊戲就能成為讓家長省心的幫手；如果不妥善處理，遊戲就會成為讓孩子沉淪的幫凶。

不要讓遊戲變成獎懲的籌碼

家長管理遊戲時最大的錯誤

在相當一部分家庭的教養體系中，家長管理孩子玩遊戲時，遊戲可能是各種東西，但唯獨不是遊戲本身。換句話說，遊戲往往會被放到一個特殊的位置，變得與「**獎勵**」和「**懲罰**」掛鉤。

與獎勵連結的例子有：家長對孩子說「你考個一百分，明天爸爸就給你買一臺遊戲機」；或者家長會說「你每天都準時寫好作業，我就讓你多玩十分鐘遊戲」。家長非常容易忽視這樣的事實：孩子考了一百分，成績所代表的學業表現、自我認同甚至社會地位，本身就是對孩子最直接的褒獎了，這一切本與遊戲沒什麼關聯。把遊戲作為獎勵的籌碼，最大的風險就是讓玩遊戲變得貨幣化，那些換取遊戲時間的正確行為逐漸喪失了本身的意義。

因為遊戲太好玩，孩子們被引誘著去做這樣或那樣的事情來兌換遊戲時間，這些事情本身的意義和價值逐漸淡化。隨著時間的推移，對不對變得不重要，好不好也變得不重要，重要的只有能不能有效地轉化成更長的遊戲時間。我相信這不是家長們所需要的結果。

同理，把減少遊戲時間作為懲罰的形式也有很多不妥的地方。很多家庭中，一旦孩子不順父母的意，家長想到的第一個懲罰手段就是減少孩子玩遊戲的時間，而不管孩子忤逆父母的事情到底和遊戲有沒有關聯。

我們上班如果遲到，老闆扣薪水，那是天經地義的，因為這兩件事情有關聯。但在很多管理孩子的場景裡，在家長能夠戳到的孩子弱點中，遊戲總是近在手邊。這樣一來，不管孩子犯下的錯誤本身到底和遊戲有沒有關聯，家長都可能用遊戲來施加懲戒。這麼做，既無法讓孩子釐清自己的錯誤與代價之間有怎樣的關聯，又可能激發孩子出於反抗將更多資源投入到遊戲上。

除了獎懲機制，還有其他亂七八糟的元素會給遊戲管理添亂。舉例來說，我們都在飛機上見過這樣的家長，一旦年齡尚小的孩子哭鬧，就拿出iPad說「別鬧了，安靜一點就給你玩遊戲！」結果這一玩，就一直玩到了終點站。

在以上這些場景中，遊戲已經超越了遊戲本身的屬性而成為工具，成為利益，成為釣餌，成為讓孩子以行為作為交換的籌碼。**讓遊戲超越了遊戲本身，是家長管理遊戲的最大錯誤。**

時間管理的訣竅

在親子共遊的同時，讓遊戲的意義回歸其本身，才能避免可能因玩遊戲而帶來的家庭矛盾。不過，在實踐中我們依然會碰到不少問題。比如，我們應該和孩子一起玩多久？或者應該允許孩子玩多久？

不瞭解遊戲的家長，往往會靠直覺選擇時間，二十分鐘或者一個小時，一到時間就喊停。但很多遊戲其實不適合用這種方法，這也是為什麼在你叫孩子停止玩遊戲時往往會遭到反抗。如果你不太清楚《王者榮耀》這樣的遊戲是以「局」為單位的，而單純以「時間」為單位去管理孩子玩遊戲，當時間一到，孩子可能正打到關鍵時刻，這樣自然很容易出現親子間的衝突。

針對不同的遊戲，我建議選擇不同的管理方式。

針對多人線上戰鬥競技場遊戲可以約定玩「兩局」；賽車遊戲可以約定「單場三圈，一共三場」；球類遊戲可以約定「兩場比賽」；平台遊戲可以約定「過兩關」；《當個創世神》這樣的沙盒類遊戲則可以約定「造完這個房間」。如果孩子非常喜歡玩某個角色扮演類遊戲，而這款遊戲必須到特定的存檔點才能存檔，那可以採用「到下一個存檔點後存檔退出」的人性化管理方式。

・善用外部管理工具・

除了時間管理之外，還可以藉助其他外部工具來輔助我們對遊戲的管理。

第一個工具是遊戲分級機制。我們不可能洞察所有遊戲的優劣好壞，但萬幸有一個得到業界認同的普遍標準，可以讓我們在為孩子選擇遊戲時獲得更多線索。你可以輕易地在遊戲的包裝上或者官方網站上找到遊戲的分級資訊。

我們以比較經典的ESRB分級體系為例（見圖6-1）。E級別意味著適合所有人；E10+級別意味著適合十歲及以上人群；T級別意味著適合十三歲及以上人群，這個級別的遊戲是可以包含一小部分暴力、性暗示、血腥和模擬

圖6-1　ESRB遊戲分級體系

賭博的內容；再往上是M級別，適合十七歲及以上人群，允許包含激烈的暴力、色情和粗話內容；最高階別為AO級別，僅適合十八歲以上成年人；RP則是指該遊戲正在審查評估的流程中，尚無正式評級。在給孩子購買遊戲前，請務必確定遊戲的分級適合孩子的年齡與需求。

第二個工具是硬體上的家長監護功能。你可以直接透過設定電腦、遊戲機、手機，甚至某些路由器來開啟這類功能，限制這些硬體可以執行的遊戲級別與可以展現的內容，具體方法可以在硬體的說明書裡找到。

讓孩子參與規則的制定

除了利用外部工具來協助管理之外，另一方面，尊重孩子的個人意願也是親子共遊的重要議題。**我非常建議家長讓孩子提前參與對玩遊戲的相關規則的制定。**

我相信在很多玩遊戲的人的成長過程中，他們的家長在管他們玩遊戲的時候，其實並沒有讓他們參與規則的制定。我的大兒子每天玩什麼遊戲、玩多長時間，雖然依然需要我的管理，但是規則都是他本人參與制定的。你想讓一個人守法，最好的方法之一就是讓那個人成為法條的制定者。如果你的規則不讓遊戲玩家本身參與制定，遊戲玩家當然不願意接受你的管理。

所以，在管理孩子玩遊戲這件事上，請終止專斷獨行的思維，讓孩子成為規則制定的參與者，他們自然就會更願意遵守約定。《自驅型成長The Self-Driven Child》一書的作者威廉．斯蒂克斯魯德（William Stixrud）和奈德．約翰遜（Ned Johnson）也在書中建議：家長有必要提前和孩子約定玩電動遊戲的規矩，其中的關鍵點之一是不要在該退出遊戲時弄得大家不愉快。

最後，**家長們需要額外注意，與遊戲相關的媒體同樣需要管控**。因為承擔不起遊戲費用或者自己的遊戲技術不高等原因，不少孩子會選擇看遊戲實況主的線上直播，或者看各種攻略影片，透過這樣的方式間接體驗遊戲內容。不要以為只要他沒有玩遊戲，這事就和遊戲沒關係了。很多孩子在直播平台和影片網站上花費大量的時間，這同樣需要家長提前介入管理。

在孩子玩遊戲這件事上，家長需要做好的準備遠遠不止這些。這些準備或許可以幫助你規避一些風險，但不能保證一勞永逸，再也沒有其他難處。所以我會在後面章節中，好好談一談該如何解決家庭裡因遊戲而滋生的衝突。

親子問題相談室

「我在給孩子買遊戲的時候看到了ESRB分級資訊，在分級標誌旁邊還有幾個片語，這些又是什麼意思呢？」

查詢遊戲分級的官方網站是esrb.org。只要在搜尋框中輸入遊戲的名字，就能查出遊戲的適用年齡，甚至還能看到評級機構專門為這款遊戲下的簡評，簡評中會更加具體地分析遊戲中有潛在風險的內容。

至於那些總與分級標誌一起出現的片語，它們對應的意思如下：

- ○酒精相關（Alcohol Reference）：有關酒精類飲料的描述和影像
- ○動畫血液（Animated Blood）：非真實的血液飛濺或者非紅色的血液飛濺
- ○血液（Blood）：真實的血液效果
- ○血腥（Blood and Gore）：血液飛濺效果和分屍
- ○卡通暴力（Cartoon Violence）：以卡通方式描述的暴力，大部分角色都不會死亡
- ○惡作劇（Comic Mischief）：有惡作劇傾向的對話和暗示
- ○粗鄙的幽默（Crude Humor）：粗俗的笑話或者對話

○ 毒品相關（Drug Reference）：有關毒品的描述或者影像
○ 幻想暴力（Fantasy Violence）：可顯著區別於現實生活的暴力
○ 強烈的暴力（Intense Violence）：暴力的影像和描述接近真實世界的情況，有血腥、暴力以及槍械和其他武器對人進行傷害或者致死的場面
○ 粗口（Language）：猥褻的語言
○ 粗口歌詞（Lyrics）：與性、暴力、酒精和毒品有關的歌詞
○ 成人幽默（Mature Humor）：即成人笑話
○ 裸體（Nudity）：圖片或者描述中包含裸體內容
○ 部分裸體（Partial Nudity）：少量的或者輕度的裸體內容
○ 賭博（Real Gambling）：類似於真實世界中的賭博
○ 性內容（Sexual Content）：與性有關的描述
○ 性暴力（Sexual Violence）：強姦或者其他暴力性活動
○ 模擬賭博（Simulated Gambling）：不用金錢的賭博
○ 強烈的粗口（Strong Language）：直接的侮辱或者罵人的話
○ 強烈的粗口歌詞（Strong Lyrics）：比粗口歌詞程度更深
○ 強烈的性主題（Strong Sexual Content）：描寫性行為的內容，可能含有裸體內容

○暗示性主題（Suggestive Themes）：暗示其他不適內容的主題
○菸草相關（Tobacco Reference）：有關於菸草的內容
○使用毒品（Use of Drugs）
○使用酒精（Use of Alcohol）
○使用菸草（Use of Tabacco）
○使用暴力（Use of Violence）

關於分級機制的進一步資訊，你也可以在www.esrb.org/ratings-guide/查詢到。

「孩子不和我一起玩遊戲，怎麼辦？」

這種有點尷尬的情況的確可能發生。不過從經驗來看，倒不是孩子不願意和你一起玩，很可能是因為孩子正在玩的是一個單人遊戲——他沒法和你一起玩。並不是所有的遊戲都像任天堂遊戲機一樣，多插一個手把就可以兩個人一起玩了。

許多角色扮演類遊戲都是單人遊戲，戰略戰術類遊戲則需要多個裝置才能多人一起玩。所以在開始嘗試親子共遊時，我們還要看看軟硬體的安排能不能滿足我們的需求。

此外，不同的孩子「和別人一起玩遊戲」的口味也不一樣。有的孩子喜歡合作攻克難關，有的孩子喜歡彼此競技，還有的孩子這兩種都喜歡。如果你的孩子想與你合作，並且喜歡節奏慢一點的遊戲，那你可以嘗試在《大富翁》這樣的回合制、有經營策略元素的遊戲中，與孩子聯手大賺一筆。

當然，在玩遊戲上，你開心也很重要。所以不一定要完全迎合孩子的喜好，在大量的遊戲中找到你們都喜歡玩的，應該不困難。

就算孩子無論如何也不願意和你一起玩遊戲，也請不要擔心。在對孩子的遊戲管理中，雖說親子共遊是很好的方案，但並不是唯一的解答，建議你多加嘗試後面章節中的其他方法。

CHAPTER 7

發生親子衝突時，找出遊戲背後的問題

教育能否化解孩子的對抗？

一場發生在家裡的拔河

有一段時間我出國訪學，我爸在家幫忙帶孫子。那時我的大兒子已經開始接觸一些優質的電動遊戲。爺爺管孫子玩遊戲很挫敗，因為他發現，當年他拿來管我的方法基本上都不太適用了。

我小時候玩遊戲，我爸管我最常用的一招就是「藏」。玩遊戲的裝置很大，他就挑一個不可或缺的小物件藏起來。玩紅白機的時候，藏手把；玩桌上型電腦的時候，藏主機電源線；玩筆記型電腦的時候，藏變壓器。我看著遊戲，就是玩不成乾著急。他有時候藏得拙劣，以至於被我找到。過不了多久，我玩遊戲又被他發現，然後就出現了爭執。後來發展到我放假在家，我爸就天天帶著變壓器去上班。

時過境遷，這招現在沒用了。iPad拔了電源照樣能用上幾個小時，而我兒子的Switch遊戲機，我爸連開關在哪兒都找不到。當「藏」這招不管用了，爭執便浮出了檯面，老爺子氣鼓鼓，小朋友淚汪汪。

然而我突然意識到，遊戲作為孩子跟家長爭搶的重要物品，這麼多年來一直扮演著資源的角色，而從來沒有為這些爭執、搶奪和妥協做點什麼。

家長和孩子像拔河一樣，各自往自己的方向死命搶著遊戲。而遊戲在整個過程中，作為一條「拔河繩」，一直是個無動於衷的「死物」，沒有跳出來主動做些什麼，沒有什麼自我管理的主動修正，唯一有所改變的，只是靠著新技術，讓自己變成一個更結實、更好看的拔河繩，這樣一來，兩邊的人也就拔得更起勁了。

家長「鎮壓」孩子玩遊戲，卻總是遭遇「道高一尺，魔高一丈」的情況。當年的我翻箱倒櫃地找電源線，甚至拿著不吃早飯省下的錢去網咖。如今二十年過去了，我最近拜訪的一家寄宿制中學，因為嚴格管控「手機進校門」，甚至出現了由學生自營的「黑手機租賃」業務。租手機做什麼？當然是玩遊戲。

衝突的主體和解決方案本質上沒什麼改變。在親子互動之中，遊戲總是「導火線」，它本身也一直被動地捲入其中，點了自己，炸了雙方。如果一直這樣爭下去，這個過程中將沒有贏家。

問題是，很多人都沒搞清楚，在這場拔河比賽中真正的博弈是什麼？到底是誰要對抗誰？

很多家長在發火之前，其實沒有仔細思考過這個問題，當然，孩子也沒有。家長本來不打算對抗孩子，遊戲也無意製造親子衝突，孩子在絕大多數情況下，也不是為了惹父母生氣而玩遊戲的。大家本都無意紛爭，可為什麼還會煙硝四起呢？

把這一切直接歸咎於電動遊戲從根本上就壞的罪惡本質，當然是最方便的，可這不一定是正確的。

在不同的時代，總有一些東西可以乘虛而入地影響一個孩子。如果孩子本身與父母關係不和睦、家長缺少科學教養的指導、外界與環境帶來的壓力太大，那麼撲克、撞球、舞廳等在不同的年代都可能扮演與當下的電動遊戲類似的角色，從表面上看，讓他沉迷，毀他青春，葬送他的未來。

家長們的邏輯很容易陷入類似「非我也，兵也」的謬誤中，以為強行壓制遊戲就能解決問題，比起疏通衝突，更傾向於鎮壓衝突。但真正的遊戲管理絕非這麼簡單而已。

遊戲管理好比唐僧取經

不同的家庭會帶著不同的關於遊戲的問題來找我。有的帶著比較積極正向的預設：孩子年紀還小，家長想找一些親子共玩的電動遊戲，幫孩子早早培養這方面的自主能力。

但更多的家庭已面臨嚴峻的困擾。其中有事業有成的企業家，猛然發現孩子對遊戲太過投入，在孩子身上完全看不到自己的影子；有特別優秀的教師夫妻，就是無法好好引導自己的孩子停止遊戲；也有充滿無力感的父親，已經打了孩子好幾次，但孩子還是會想盡辦法找到一個手機來玩遊戲；還有本來非常信任孩子的家長，發現孩子把過年時收到的近萬元壓歲錢在五分鐘內全部充值到某個遊戲中，才突然慌了起來。

情況太多，不勝枚舉。但有一個共同點，那就是家長們都像唐僧一樣，在打一場如同西天取經般的持久戰；也都像唐僧一樣，有著非常堅定的嚮往美好的信念。還有一點也和唐僧差不多：好像除了信念也沒什麼特殊武藝，來解決各式各樣與遊戲管理有關的問題。

不少家長把孩子和遊戲看作取經路上需要戰勝的妖怪，但我覺得，其實孩子更像需要好好教育的徒弟。雖然孩子之間各有分歧，但從表現形式上去區分，絕大多數孩子可以分為三類，恰好和唐僧的三個頑徒很相似。下面我們就來聊聊這取經路上的三兄弟——孫悟空、豬八戒、沙悟淨。

悟空型孩子——給他足夠的信任與自主性

想要「自己做決定」的孩子

第一類孩子像悟空，**遊戲是他反抗權威的競技場**。

悟空型的孩子普遍成熟、聰明，有點主見，能力強，底子也好。在家長眼中，這孩子的未來當然是大有可為的。

但這類孩子偏偏有一個毛病：不願走上家長和老師安排好的路，就喜歡在電動遊戲裡多琢磨、花時間，一旦不讓他玩遊戲就發脾氣，面對家長對遊戲的管理，往往會爆發性地抵抗，有點大鬧天宮的意思。

「這孩子真聰明，但就是不把聰明用在正經事上！」老師和家長總是這麼說。但悟空型孩子不想僅止於嘗試別人指明的那些發展道路，卻又苦於被壓在無形的五行山下：「既然你們都說我有能力，為什麼不相信我可以做出屬於自己的正確選擇呢？」所以遊戲對於他們來說，更接近於一塊不願意讓老師和家長涉足的私有空間，是他自己經營的「主場」。

因為能力突出、才華洋溢，悟空型孩子的勝任感是很強的，但正因為優秀，他們往往面對著更多來自外界的期待和枷鎖。看似能力強、做什麼都做得好，可實際上正因為你會飛，所以在管理者的眼裡，連跑都變成了罪過。因為你本可以在琴棋書畫上勤學苦練，所以連玩遊戲都變成了浪費時間、虛度生命與空耗光陰。

「你既然這麼優秀，那麼如果不……，豈不是浪費了自己的天賦？」很多家長和老師都帶著這樣的觀點，以「為你好」的口吻，試圖箝制悟空型孩子的成長與生活。

但他們其實想要自己做決定，有自己做決定的意願，特別是證明自己能夠做出不同於常人的正確決定的意願是如此強烈，以至於「自己做決定」的優先順序超過了「做出正確決定」的優先順序。

「**既然你們把正確的答案都說了，那麼我就要說不一定正確的——它是否正確不重要，重要的是，它是我說的。**」這樣的想法讓悟空當年大鬧天宮，也讓今天很多家庭裡的小悟空與父母在玩遊戲這件事上鬧得不可開交。

誕生小悟空的家庭，往往父母親是高知識分子，家境富裕、資源充沛。所以他們找我的時候都帶著不解：我們家這樣的條件，怎麼會養出這麼一個什麼都不管就知道衝撞、做事不知輕重的孩子？

由於這些父母本身都很優秀，因此他們對孩子的指導非常明確，管理意願也極為強烈。這些父母之中很多是在一九九〇年代靠著優異的學習成績，靠著學識闖進美好新生活的一代，他們往往帶著對於某條人生路徑的絕對執念，所以要求孩子必須這樣必須那樣，再不濟也要發揚優良家風。

在這樣的家庭裡生活，往往不缺吃穿，父母在很多地方也算開明，也剛好是這樣的優渥環境，給悟空型孩子的個人能力打好了底子。但奇怪的是，只要面對涉及個人成長的抉擇，就有點像考試：父母往往提供客觀選擇題，你可以在學鋼琴和學吉他裡面自由選擇，但如果你說要跟同學組一個重金屬樂隊，會被直接告知「還是算了吧！」若你還說想要玩遊戲，恐會被責罵不知「玩物喪志」四個字怎麼寫。

時間一久，悟空型孩子覺得自己的生活越來越不受自己控制。他漸漸地可以理解為什麼比自己大十幾歲的哥哥姐姐被逼著去相親，或者被逼著去考公務員的時候，會默默嘆氣了。

父母以為自己給孩子鋪好了柏油賽道，只要孩子順著標幟加油跑就算功德圓滿，但萬萬沒想到自家這隻渾猴子，就不在正道上好好往前跑，反倒想方設法地找一條「屬於自己的路」。

這條路家長自己沒走過，甚至沒聽說過，所以好言相勸：「你是不見黃河不死心啊！」但孩子硬起脖子，嗆聲回道：「哪裡有壓迫，哪裡就有反抗！」家長氣極了，因為自認為從沒有壓迫過孩子，為孩子供吃、供穿，以及教育資源，幾時變成了壓迫？

當事人最有發言權，悟空型孩子自知有足夠的勝任力，但面對家長已經篩過一輪的種種資源，他找不到足夠的自主性。他必須要有一個自己的主場，在這裡，就算父母、老師都有意見，他也能自己說了算。這個主場可能是玩樂團，可能是養寵物，可能是去談一場不成熟的戀愛，當然也可能是投身於電動遊戲。

所有的活動都有一個共同特點：自我決策，拒絕家長的干預。

他不是沉迷遊戲，而是反抗自己心目中的暴政，不管家長多麼苦口婆心，在他為自主而做的反抗中，他都是「我命由我不由天」的普羅米修斯。用暴力對抗盜火者，會更讓家長像個暴君，這絕對不是解決問題的正確方法。

孩子能做好決定嗎？

在北京，我認識一些從事「新教育」的辦學人，用比較符合世界潮流的教育理念對待有需要的青少年和他們的家庭。其中不少學校都認為在不受脅迫的情況下，孩子靠自由選擇完成的學習，效果是最好的，因為這樣才能培養出「快樂的清道夫」，而不是「神經質的學者」。

不少家長會把孩子送到那裡，因為他們的孩子實在很難適應公立教育的方式。這些孩子倒不是有問題，更多的是有些特殊。其中就有不少是因為太愛玩遊戲，才無法融入公立學校的教育體系，他們之中有一部分就是悟空型孩子。

這些孩子剛來到對學生高度放權的新學校時，由於作息時間自己規定、學習安排自己規定、要不要完成作業也自己規定，他們往往會開始報復性地玩遊戲，持續的時間有長有短。

在這個階段，有的家長受不了，就會把孩子接回家，繼續牛不喝水強按頭地往公立學校的體系裡塞，慢慢耗竭著兩代人的幸福。有的家長會咬牙一忍，繼續等待孩子改變，不少孩子迎來了把自己「玩到吐」的那一天，有的在兩週後，有的在半年後。

在這段時間裡，悟空型孩子慢慢開悟了：以前我只能掌控遊戲，我像護食的藏獒一樣，誰干預我玩遊戲我就衝撞誰。但是現在，我能掌控的好像更多了？因為就算我通宵玩遊戲也沒人管我，所以我其實是可以掌控自己的時間的？因為就算我提出做一個與遊戲相關的研究課題也不會遭受冷眼，所以我其實是可以規劃自己的學習內容的？因為就算我提出要專門留出時間來精進自己的遊戲技能也會得到支持，甚至還能得到老師的指導，所以我其實是有選擇長期目標的自由的？

當悟空擁有天宮時，又何必大鬧天宮呢？當孩子擁有自主時，又怎麼會拼命求自由呢？悟空型孩子其實很聰明，一旦從桎梏和枷鎖中跳到更高的視角，他們很快就能反應過來，為電動遊戲投入的權重自然就會下降。

很多家長面對自家的悟空型孩子，管理遊戲的方式都是激進地對抗，例如沒收手機、拔掉電源，甚至體罰，這有點類似天兵天將攻打水簾洞，結果呢？從上往下打得越凶，從下往上鬧得也就越凶。孩子總會有辦法反抗，他可以在學校借其他孩子的手機，可以買個玩遊戲的裝置而儘量不讓你知道，可以假裝睡覺卻偷偷玩遊戲，甚至可能爆發直接衝突。

這種方法是錯誤的，到最後，將沒有最終的贏家，有的只會是你對孩子的失望，以及孩子對你的憤怒。

悟空型孩子需要的是信任和足夠的自主空間。這種信任並不是雞湯式地信任孩子「一定會做出正確的決定」，而是要**信任孩子「能從自己做出的每一個決定裡有所收穫——不管這些決定正確與否」**。

賦予權力並伴隨善意提醒

在傳統家庭的觀點裡，孩子似乎不應該有一點做錯事的體驗，總是需要預先矯正，瞄準目標，一擊即中。但真實的世界哪有這麼隨心所欲？作為成人，你我都知道，失敗給我們的教訓，要比成功教給我們的經驗更多。那麼，為什麼孩子就不能自己做錯一些選擇，然後知道錯誤的後果是什麼，進而獲得更進步的成長呢？

很多家長對於自家孩子的認識是非常矛盾的，他們信任孩子，因為他們讓孩子什麼都學，覺得孩子肯定都學得會；他們也不信任孩子，他們會在錯誤發生前想盡辦法不讓孩子體驗錯誤，因為他們覺得孩子光靠自己處理不了犯錯的後果。

如果你家有個悟空型孩子，聰明而有主見，我其實非常建議在玩遊戲這件事情上信任他，相信他能做好自我管理。就算做不好自我管理，也能從錯誤與失敗中獲取教訓，以後在這方面就會做得更好，甚至把在玩遊戲上做自我管理的經驗深化成一輩子的人生經驗。

而當我們發現悟空型孩子有沉迷遊戲的跡象時，我們有告知的義務。我們可以提醒他們，以我們的經驗和觀察判斷，他們的某些行為可能會導致作業做不完、睡眠不足，以至於第二天上課沒精神，但我們不應該無限制地說教，或者制止他們的行為。

因為對他們來說，現實才是他最好的老師。如果孩子玩遊戲被我們痛罵一頓停下了，帶著情緒去睡覺，那麼第二天不管他狀態好不好，他都不能理解「玩遊戲玩過頭會影響第二天的表現」這個道理。

所以，**自始至終的信任，加上設身處地的感受，伴隨著善意的提醒，才是悟空型孩子真正需要的。**

在信任之外，我們還應該讓他們在玩遊戲這件事上有更多的自主性，從某個角度講，你完全可以把這看作信任的進一步延伸。一定程度上，自主性賦予了他們在這件事上的權力感，如果在對玩什麼遊戲、怎麼玩、玩多久這些事情的規劃上，能夠給予孩子有更多參與機會，對他們的「招安」工作就會容易很多。但是一定要記住，「弼馬溫」這樣的官銜一開始雖然是鎮得住悟空的，但好景不長。我們給孩子提供的自主性不應該是說說而已的表面文章，更要有所深入。

具體來講，當孩子來找我們談自己喜愛的遊戲時，我們不應帶著嗤之以鼻的態度；當孩子想要討論該在遊戲上投入多少資源，不管是時間還是金錢時，我們也應該好好說話；當孩子向我們提出要增加遊戲時間時，我們應該說：「好啊，我們來談談吧！」而不是一口回絕：「早就說好了，怎麼能朝令夕改呢！」

在面對你家的悟空型孩子時，你應該具備透過現象看本質的能力，更應該具備時刻關注本質的覺悟，因為很多時候，**他們真正想要的不一定是玩遊戲，而是對於自己生活的掌控感**。

八戒型孩子——陪他找到值得奮鬥的目標

‧‧‧‧‧‧愛玩卻不懂自制

第二類孩子像八戒，**遊戲是他體會愉悅的遊樂園**。我曾經就是一個這樣的孩子，現在看來，我大兒子好像也是。

《西遊記》中的八戒喜歡很多東西，要不然他師父也不會給他取名「八戒」，他要克制的欲望實在是太多了。他沒有什麼長遠的宏大目標，也不打算做什麼巨大犧牲，還不喜歡和別人劇烈衝突。他更想要的是活在當下，玩點好玩的，吃點好吃的。他對爭奪、挑戰和困難，第一時間往往保持距離，每次碰到風波，八戒就想提著行李，回高老莊去找高翠蘭。師徒幾個人之中，八戒怎麼看都是對「取真經」這個終極目標最不在乎的一個。

八戒倒也不壞，就是喜歡玩。這不是罪吧？

同樣地，很多孩子也是如此，他不是要反抗，也不是要鬥爭，更沒什麼複雜糾葛的內心戲。他玩遊戲過頭、惹家長生氣，無非是兩個原因共同造成的：

一是自己太愛玩；二是自制能力差。

這些孩子大部分都是陽光而和善，談起遊戲來眉飛色舞，可玩遊戲的技術未必有多麼高超。他們是遊戲的愛好者，卻不是遊戲的鑽研者，他們喜歡玩遊戲，卻不一定喜歡追究遊戲的輸贏，畢竟玩遊戲是快樂、高興的，要付出那麼多去精通遊戲？聽上去就好累啊！

因為愛玩，八戒型孩子的情緒、情感表現通常是正面的居多，也不像悟空型孩子一樣揹負著極大的自我包袱。他們也對事物抱有足夠的開放性，他們通常是外向的小朋友，很願意嘗試新鮮事物。一定程度上，這幫助他們在社交上有更好的表現，所以如果你家的孩子是八戒型的，他八成有不少喜歡和他一起玩遊戲的好朋友，倒不一定是因為他玩得好，往往是因為和他一起玩遊戲會更有意思。

但因為自制能力差，他們在對玩遊戲進行自我管理方面總是捉襟見肘、力有不逮。他們不具備充足的時間管理、精力管理甚至身體管理上的經驗，很多家長說這是「自理能力」不夠強，但我不這麼認為。我覺得每個孩子都是很有能力的，孩子之所以不做，不是因為做不到，而是因為缺少做的意願與意識，與其說是「自理能力」欠缺，倒不如說是「自立觀念」欠缺（從這個角度來講，八戒和悟空真的需要中和一下）。

這麼一講，相信你就不難理解，在資源充沛但管理散漫，尤其是有大人溺愛孩子的家庭裡，很容易出現八戒型孩子，因為他們習慣了想玩就可以玩，又不習慣靠自己搞定生活各方面。

‧‧‧‧‧感性又容易衝動

話說回來，因為在生活中不缺少愛與安全感，八戒型孩子往往也比較感性，算是個挺好溝通的孩子，不至於和家長頻繁爆發劇烈的衝突。這有好處：如果在溝通中曉之以理、動之以情，他很能體會父母的心情，所以會帶著真感情做出承諾，家長這時通常也會感動一下，覺得孩子真的懂事。

但這特點也有壞處：正因為太感性、隨意，他們的情感稍顯廉價——他們是最容易出爾反爾的孩子。並非他們當初做出承諾時不真誠，而是因為他們做出承諾時往往太衝動。也同樣是因為這份衝動，當面對有趣好玩的遊戲和寬鬆自由的環境時，他們就忘記之前答應的事了。

如同悟空型孩子一樣，八戒型孩子最大的問題也不是遊戲。**對他們來說，最大的問題是不會應對自己的衝動，不會和誘惑打交道。不只是忍不住玩遊**

戲，也忍不住立刻就要把所有產生誘惑的衝動付諸實現。所以我接觸到的這類青少年不僅有沉迷遊戲的問題，還可能有暴食、參與線上賭博，以及沉迷色情視訊的問題。

有一次，我帶領一個工作坊，小組中有兩位母親，剛好一個是悟空型孩子的媽媽，一個是八戒型孩子的媽媽。

小悟空的媽媽先說話：「遊戲就是我家孩子的逆鱗，你一提、一碰、一管，家裡就要吵翻天！一天一小吵，兩天一大吵，天天撕破臉，我真的不知道該怎麼辦了，很痛苦！」

小八戒的媽媽則接著說：「我倒是挺羨慕你的，你們家打的是硬仗，不是東風壓倒西風，就是西風壓倒東風。我家那個，軟硬不吃、油鹽不進，你和他聊他聽著，你和他講他應著，從不和你爭論，你說什麼就是什麼，有時候還會哭兩聲，但全是鱷魚的眼淚！一轉眼，剛才說的就全忘了，甚至我都不知道遊戲有什麼好玩的！你家孩子是不給你希望，我家孩子是每次都給我希望，然後每次都把希望摔得粉碎，我更痛苦！」

你聽，在跟家長聊遊戲的時候，八戒練的是「吸星大法」，和悟空相比，他帶來的是截然不同的另一種痛苦，另一種管理上的困難。怎麼辦呢？

舒適圈讓孩子對未來沒方向

作為家長，我們要學著理智地看待「自制」這件事。

你一天到晚對孩子講：「你要自律！要管得住自己啊！你明明知道怎麼做是對的，為什麼不那麼做呢？」這其實意義不大，因為這看似簡單的話語往往不成立。別說孩子了，你本人其實也做不到，不是嗎？

人不一定會做對他最有利的那件事，如果真的能夠總做最有利的事，作為成年人，我想你早已減肥成功、年入千萬、家庭和順了。同樣的道理，我們不能奢望孩子一旦知道了怎麼做是對的就會去實踐。

加拿大心理學家喬丹．彼得森認為，這種現象的原因在於每個個體的「自我輕賤」，因為只有自己才知道自己有多配不上那些「善待」，所以才會自甘墮落，逐漸沉淪。

對於一個愛玩遊戲的孩子來說，如此深刻的心理解剖有些太殘忍了，但這種視角依然值得借鑑。八戒型孩子也許不至於有什麼「自我輕賤」的情結，但好像對於自己到底能否管理好自己的生活走向，對於自己的人生到底要走向什麼方向缺少概念。

在與八戒型孩子溝通的過程中，我發現了一個非常普遍的問題：**他們往往不能說出一個心中堅定的長期目標**。

這和悟空型孩子不一樣，因為他們被壓制得太久，所以只要有條離經叛道的路就要走。八戒型孩子是安逸慣了，所以不知道何去何從。很多小悟空一臉堅定地對我說：「我要當《英雄聯盟》的職業競技選手。」不管這個理想有幾分真實性，但這份拼勁是值得認可的。但很少有小八戒會這麼想，他們不僅沒打算做職業玩家，甚至任何長期打算都沒有，他們心裡想的只是「今朝有酒今朝醉」。

不是遊戲讓這些孩子不自律，是這些孩子的教育環境讓他們缺乏長期目標，所以才選擇了最唾手可得的電動遊戲作為解決方案。

想讓八戒型孩子自律，家長的第一選擇往往是行為上的管控和約束，但我覺得這充滿了亡羊補牢的意味。**真正解決問題的方法，是讓孩子找到一個超越當下即時享受的、值得為之奮鬥的目標。**

家庭環境讓八戒型孩子沉淪於能夠即時兌現的誘惑（吃、玩、爽），這就成了孩子的舒適圈，讓他不擅長也不願意往遠處看，想想自己到底能走上怎樣的道路。所以，在和你家八戒型孩子溝通遊戲管理的時候，不要就事論事地談遊戲，先要聊的話題是幫助他找到自己在未來可以成為怎樣的人、想要成為怎樣的人、需要怎麼做才能成為心目中那樣的人。

與孩子討論「想要成為怎樣的人」

討論成長的方向、理想的職業、未來的專業，比「能不能別玩遊戲」的說教更重要。

在這方面上有一個好訊息和一個壞訊息。好訊息是，這些樂觀的八戒型孩子，其實也容易喜歡上遊戲之外的東西。

我發現這些孩子中的絕大多數都不排斥嘗試新鮮事物，只要是能引起他們興趣的、有意思的事物，他們就願意花點時間研究。他們對新鮮事物的嘗試，就像一個吃貨對一家新開的特色餐廳的嘗試一樣，容易誘導，又順其自然。你可以讓一個愛玩遊戲的孩子試試做直播；剪輯一下自己的遊戲影片，再配上解說；用遊戲裡的CG（電腦繪圖）做個MV；在英語課上準備一個和遊戲相關的小演講；甚至自己策劃一個魔幻遊戲的劇本來練練寫作。

我見過很多曾經愛玩遊戲的小八戒，遊戲多多少少影響了他們未來的興趣與職業走向，他們成為音樂人、程式設計師、新媒體營運者，還有一位因為玩

《歐陸風雲》愛上了世界史，後來鑽研歷史，當了老師。

當然，你也可以跳出遊戲的限定。既然孩子喜歡感受良好的體驗，那除了遊戲之外，還有什麼事情能讓他們有這樣的體驗呢？其實有不少，比如體育、藝術、表演、寫作、辯論、工程、戶外探險等。當然，孩子在遊戲中積累的一些技能與經驗，也能轉移到這些活動中。

雖然很難靠一句話就讓孩子立刻從遊戲直接跳到另一項興趣中，但起碼可以將上述活動作為中介，讓孩子有更多開發興趣的機會。而這些興趣都有一個共同的特點：和某款具體的遊戲相比，它們往往具有宏觀且複雜的精進空間，所以更加適合當作目標。

壞訊息則是，八戒型孩子的家長們往往創造了過度充裕的資源。

很多小八戒都有一個這樣的外婆或者奶奶：當他們需要一筆錢去買某個遊戲，甚至某款幾萬塊錢的遊戲機時，這個慈祥的老太太就會不假思索地掏出這個月的退休金。老太太本人對於電動遊戲根本沒有概念，但是她有著祖母的單純關愛：「我家孫子想要，那就買！」

我不是說祖輩給孫輩買禮物有錯，而是說這樣的行為直接驗證了很多孩子心中的一種生活畫面：「只要我想要，就一定能得到。」往好的地方講，這樣的環境讓孩子有充裕的安全感；而往壞的方面講，這樣的環境讓孩子無法與教養環境有多元化互動。如果需要什麼只要「要」就可以得到，那麼他就無法體會到什麼東西是需要付出心思與努力去爭取來的、掙來的、贏得的，在他眼裡，東西都是「要來的」。

事實上，這很容易轉化成對自身行為的無力感。就像我們減肥，一開始體重掉得快，因為見到了成效而歡欣鼓舞，但慢慢地當身體進入停滯期，無論運動量多大、吃得多少，體重就是文風不動，這時就會有很多人放棄減肥，因為努力不再能夠得到回饋了。

八戒型孩子要得到回饋從來都無須努力，「要」就好了，但每次嘗試與努力都未必能得到回饋，因為家長不是沒看到就是不認可。甚至因為溺愛，很多家庭還會阻止或代勞一些孩子自發的努力行為，比如繫鞋帶或包書套一類的瑣事，所以不少家境優渥的孩子的自理能力都比較糟糕。

因為「努力——回饋」的連結斷裂，加上生活中隨處可見的「要就有」，使得八戒型孩子很不擅長設立中長期目標，而更多的是「想到什麼就做什麼」的個性。

讓「多元體驗」成為改變的契機

針對八戒型孩子，我的建議很簡單：與其談遊戲，不如談自律；與其談自律，不如談目標；與其談目標，不如體驗如何設定並追求目標。與此同時，還要增加孩子日常行為的多元性，並管控過度的資源。

很多家長會反駁我：「我家孩子就是八戒型，他從小就上各種才藝班，但也沒見他培養出這種以長期目標為基礎的自律能力啊！」我想，這其中一個很大的原因，就是不少家長太在意為孩子選擇的才藝班有怎樣的功能性，而非有怎樣的娛樂性。

我見過很多父母，會給孩子看別的小朋友彈鋼琴彈得飛快的影片，並對孩子說：「你看看人家彈得多好！」注意，家長沒有選別的小朋友喜歡彈鋼琴的影片、享受彈鋼琴的影片、靠彈鋼琴抒發情感的影片，而偏偏選了一個炫技的影片。一個彈琴技巧不一定高超但是彈得非常開心的孩子，在不少家長看來純屬湊熱鬧，是上不了檯面的。而實際上，鋼琴彈得好不好並不能僅僅從一個孩子手靈不靈活、彈得快不快看出來。

這一方面暴露了家長本人對於這些專業知識的無知，另一方面也表現出家長給孩子安排所謂才藝班的時候，往往是功利取向的。而在孩子的視野裡，如果這件事與趣味無關，也不能構成什麼感興趣的遠大目標，在這方面的能力還動不動就要被拿來和其他高手比較時，他當然不願意為這件事投入精力。

回到我自己的青春期，在玩遊戲這件事上，我也是八戒型孩子的一員。我玩遊戲並不厲害，但是我真的很喜歡玩各式各樣的遊戲。那時的我，以借讀生（指在某學校就讀，而學籍並不在該校之學生）的身分在北京讀高中，每個星期大概有半天的時間可以用來玩遊戲，集中在週末。平日實在無法玩遊戲的時候，我就在腦子裡思索演練下一次玩遊戲的時間到來時，我要怎麼安排和分配時間。

當時的中國，電子產品和網際網路不普及，以至於很多使用者需要靠紙媒來瞭解行情、學習技術。當時我訂閱的一本叫作《電腦愛好者》的雜誌刊登了一篇文章，講的是如何在某個開源的遊戲製作軟體裡製作一個寶箱。

在看到這篇文章之前，我從來沒有想像過其實我可以嘗試自己做一個遊戲。所以在那個週末，我拿著雜誌，下載好軟體，用有限的時間做了一個非常拙劣的遊戲場景。

這個場景我不是很滿意，因為它太簡單了——只是讓人物走到箱子旁邊然後開啟它。我想把箱子做得複雜一點，配上一個「找到鑰匙才能開啟」的環節，而且在箱子開啟後，鑰匙要消失。對應於雜誌上登出的那篇文章，這個要求很明顯超出範圍了，不得已，我只能自己翻閱軟體的說明文件，加上不斷嘗試錯誤，來修正這個功能。

很幸運地，這個功能被我這個外行瞎貓碰見死耗子般做了出來，我異常興奮，興奮到想要續寫之前雜誌上的教程，再發回去給雜誌社。至於是否能刊登，謀事在人，成事在天了。我這麼想著，也就在課餘時間這麼做了，我編輯好文件，發出一封郵件，也算對得起自己這一番努力。

寫文章的時候我高二，三個月後，我已經升上高三了，文章刊載在最新一期的《電腦愛好者》上，我知道後分外激動，這雖然不是我第一次發表文章，但是我第一次在一家全國發行的刊物上發表帶點專業性的文章。我爸和我一樣激動，搜刮了我家方圓兩公里內所有書報亭的那期《電腦愛好者》，一直保存到今天。

回想起來，這件事是一個原點，從那時開始，我知道自己就像喜歡玩遊戲一樣，也喜歡「用寫東西的方式教別人解決問題」。正因如此，十五年後，我在這裡為你寫了這本書，這已經是我寫的第五本書了。

今日我的大兒子在玩遊戲這件事上，有點我當年的影子，但我並不焦慮。一方面，孩子總要有這個貪玩的階段；另一方面，誰知道玩著玩著，他會玩出什麼有意思的東西呢？

遊戲可能以一種家長事先完全想不到的方式成為改變孩子的契機。家長若只想讓孩子把什麼都戒掉，往往不現實，因為全都戒了，他也就不再是他自己了。反而是那些看似要戒的東西背後所代表的熱情、好奇心與主動的嘗試，才可能真的成就八戒型孩子的未來。

沙僧型孩子——關注他擅長的領域

把話向內藏的佛系孩子

第三類孩子像沙悟淨，**遊戲是他逃避挑戰的安全屋**。

比起悟空與八戒，沙僧一直都沒什麼存在感，但他確實存在。沙僧也是無助的，每當出了什麼事，不僅沒人幫他，感覺也沒什麼人需要他的幫助。很長一段時間裡，我一直覺得《西遊記》裡安排一個沙僧，是因為如果沒有他，師徒一行人就湊不成一桌麻將，旅途會孤單。不僅我這麼想，還有一些喜劇人也揶揄沙僧這個角色台詞單一，只會說「大師兄，師父讓妖怪抓走了」。

後來我發現，沙僧其實代表了很大一群人，一群真實存在但不願吶喊的人。就因為沒發出過聲音，所以外界總是忽略了他們的存在。不願在真實世界中吶喊，就是沙僧型孩子最大的問題。悟空和八戒型孩子要解決的是自己與自己的紛爭，沙僧型孩子要解決的則是如何與世界對話的問題。

在那些與我聊過遊戲的孩子中，悟空型孩子愛談他想要什麼，八戒型孩子愛談他愛玩什麼，但還有一類孩子壓根就不愛談，你跟他說話，他頂多用一些感嘆詞來回應：嗯、哦、啊……每當這時，我就知道自己又碰上了一個不善言辭的小沙僧。

不少成年人面對這樣的孩子時會非常煩躁。對方這種對所有事情都提不起興趣的樣子，以及缺少主動性的回饋，會非常容易擊中成年人在溝通中的怒點，他們會想：這也佛系過頭了吧？年輕人不是應該朝氣蓬勃的嗎？怎麼會是這個模樣呢？

實際上，沙僧型孩子只不過在用「**不說不做，也就不會錯**」的策略來迎合大人們對他們在「乖巧」上的要求，但又因為有著表達個性化的需求，所以只能在遊戲裡鬆口氣。

遊戲被孩子視為唯一接納者

對於沙僧型孩子來說，家庭往往不是一個表達自我的安全環境，學校也不是，在兩大主力發揮不力的情況下，遊戲成為僅剩的候補隊員。我當然認為一個孩子能在家庭中、同儕中勇敢、自由、自信地表達是件好事，但如果這些環境都讓他覺得不安全，肯定就需要有一個「接納」的環境來讓他做自己。

很多家長會反駁我：「怎麼會呢？勇敢地說出來就好啦！表達啊！」但，知易行難。這有點類似於奧運金牌選手和你打羽毛球，一個在專業選手看來再普通不過的扣殺，直接轟炸到你的半場，在你反應過來之前，球已經重重砸下，你當然接不住，但對方卻對你狂吼：「怎麼回事啊？你就那麼一接，不就接住了嗎？這很簡單啊！」聽完這話，你會怎麼做呢？

恐怕很少有人能真的做到被指導的那種程度，也很少有人願意在這種不被理解、不給空間的環境下奮勇向前吧！絕大多數人的做法恐怕是換一個匹配自己能力的對手，好好地享受羽毛球。同樣的事情就發生在沙僧型孩子的身上，只不過是把「羽毛球」換成了「表達自我」。

與八戒型孩子的家庭截然不同，沙僧型孩子的家庭往往過於嚴苛，對於孩子的個性化表達與發展中的自我也不夠敏感，而且通常父母中有一個處於家庭中的絕對地位。

與悟空型孩子一樣的是，沙僧型孩子在成長的過程中，提出過關於自己未來發展的想法，表達過自己的熱情所在，談過那些與自我相關的奇思妙想，只不過那時他還小，所以想法中有些家長不能接受的稚嫩之處。與悟空型孩子不一樣的是，遭遇質疑或者否定之後，沙僧型孩子不會逆流而上、拼命反抗，而是在父母的高壓管理與嘮嘮叨叨中選擇了不說話。

「當我不回答時，我們之間就不會有衝突了。」曾經有一對母女來找我，原因是女兒太過喜歡某款網路遊戲，而媽媽對此很有意見。在有限的交流過程中，媽媽說的話佔據的比例超過八〇%，我說了大概十五%，這女孩說的話可能連五%都不到。

之所以這樣，是因為這位強勢的媽媽基本上一直在我面前數落孩子，嘮叨她身上的種種問題。她的控制和表達欲都太強烈，以至於不僅讓孩子沒機會說話，甚至多次打斷我，讓我也沒機會分析情況給她聽。

這位媽媽從講述自己管孩子怎麼不容易，到抱怨孩子宅在家裡不出門，再講自己已經帶孩子看了多少專家，但孩子就是沒好轉——連珠炮一般，不容別人打斷，而她自己也很投入，講述過程中連一口水都沒喝。

在我看來，她的行為要比她的話語暴露出更多的家庭隱憂，因為幾次我鼓起勇氣想插話卻沒擠進這位媽媽綿密的表達中時，坐在我對面的女孩都向我投來有這樣含義的目光：你知道我平時經歷的都是什麼了吧！

語言學中有個概念，叫作對話輪替（turn taking），指的是人們在交流過程中，你一言我一語地輪流說話，就能讓大家的話語轉起來。但我很容易就能想像到，在這對母女的家庭中，怕是很難有什麼大家都參與的對話，而更多的可能是這位媽媽用自己卓絕的表達能力、充沛的負面情緒以及大量的批評話語，碾壓過其他家庭成員的心靈。

面對這樣的媽媽，作為她的家人，你吵不過她，說什麼都被否認，怎麼說都是自己錯，也許她真的是刀子嘴豆腐心，但說出的話如潑出的水，傷害總是來得不由分說。這時候，最好的策略是什麼呢？就是不給對方任何能拿來批評的素材，什麼都不說，什麼都不做，這就是他們的金鐘罩、鐵布衫。

我後來與這位女兒單獨聊了聊，在知道我也玩很多遊戲後，她的防禦心明顯放下了很多，甚至還告訴我她在網遊裡交了個男朋友，沒見過面，但她相信這是愛情。現在每次她媽一嘮叨，她就想著稍後把這件事分享給男朋友，兩個人再一起吐槽一下，這麼一想，媽媽說的那些話好像也就沒那麼可憎了，保持沉默也就沒那麼難了。

但人總不能時時刻刻沉默，家庭成員們總有不吐不快的感受。孩子的爸爸可能好一些，在事業上也許能有些屬於自己的「高影響力時刻」。但孩子呢？他們出生在這樣的環境中，自始至終被別人用語言像機關槍一樣掃射著，總是被約束，時常被批評，完全沒有表達的可能。

他們根本就沒有經歷過表達的訓練，長期的被管制也讓他們失去了對自我的良好認同，以至於很多孩子在融入校園和同儕群體時也會困難重重。此外，他們還掌握了在日常生活中「少做少錯，不說不錯」的生存哲學。

而有一個地方足夠包容，也能夠讓他們安心犯錯，還提供了真人互動的可能性，那就在遊戲中。

所以悟空型孩子愛玩競技性強的遊戲，這讓他們產生更強烈的自我認同；八戒型孩子愛玩娛樂性強的遊戲，這讓他們能獲得更多快樂；而沙僧型孩子喜歡玩的遊戲往往是有社交體驗的網路遊戲，因為「缺什麼補什麼」。

這麼一來，高壓的環境、在真實世界中的適應不良，以及遊戲提供的「安全屋效應」，就構成了一個惡性循環。想解決這個問題，恐怕要從家長的教養模式著手。

幫孩子問自己「究竟想要什麼？」

沙僧型孩子最大的問題是什麼呢？是對當下不樂觀和對未來沒動力。

所以家長在嘗試影響他們的想法時，請一定要強調他們的自我意識——雖然大多數小沙僧的父母都更傾向於強調自身的意志。

在這方面應該如何應對呢？《自驅型成長The Self-Driven Child》一書中提到了一類孩子，與沙僧型孩子非常類似，而作者給出的解決方案我也高度認同。他們建議這樣的溝通方法：這類孩子之所以沉浸在遊戲中，是因為遊戲提供了他們需要的東西——雖然他們自己未必能說得很具體，但知道這東西究竟是什麼。那麼我們不妨從「**孩子，你究竟想要什麼？**」這樣一個問題開始，注意，是心平氣和地詢問，而不是帶著質疑的那種反問。

有很多孩子其實從沒問過自己「我究竟想要什麼？」而很多父母也沒問過孩子這個問題。所以對於這些缺乏樂觀與熱情的孩子來說，他們需要思考看看自己的特殊才能與生活目的，然後問問自己：「我想要什麼？我喜歡什麼？」就算作為家長給不出答案，至少你可以幫他提提這些問題。

其次，你還可以幫孩子多關注他們擅長的事情。正因為這些孩子不知道自己在真實世界中更擅長什麼，導致他們只能蝸居在電動遊戲裡。

當然，這也有挑戰。因為和八戒型孩子不一樣，當你讓沙僧型孩子去嘗試新鮮事物的時候，許多孩子會下意識地迴避自己可能存在的天賦，他們可能有這樣的想法：「這種事誰都能做到！」「我都能做好，那一定是因為這件事太容易了。」

他們經常忽視自身的才能，反而專注於別人擅長的領域。一旦他們發現自己的短處，則只是進一步證明了之前的悲觀預期，並在遊戲中越陷越深。

最後，很多這樣的孩子都有些「宅」，會拒絕做任何新的或不同的嘗試，並有一個狹窄的舒適區。他們通常喜歡閱讀小說、獨奏樂器或玩電動遊戲，而非參與更具積極性和有挑戰性的任務，往往也不願意把自己置於不熟悉的社交場合。

許多父母說，如果他們不一直催促，他們家孩子除了上學之外，能憋著一直不出門。我能理解，面對這樣的孩子，家長很難忍住不嘮叨，然而，嘮叨無法激勵他們去嘗試新事物。

家長要明白：當要適應新情況時，這樣的孩子通常缺乏對能力的靈活掌控和信心，而這可能導致他們對嘗試新事物產生焦慮。所以，你可以在與孩子的交流中和他達成「**合理的妥協**」，上限是你對孩子的活躍度和參與感的期待，下限是新鮮事物給孩子帶來的不確定感和挑戰性，在此之間達到平衡。

跳出惡性循環很難，一瞬間發生翻天覆地的改變也不太可能。我們作為家長應該做的並不是高壓管控，而是自我反思改正，因為我們唯獨先邁出一小步，才能幫助孩子邁出一大步。

分析完這三個類型的孩子，你可能會說：「我家孩子才不是那三位斬妖除魔的高人。我看他更接近於取經路上碰見的九九八十一難！」

「這孩子，發起火來像黃風怪，耍起無賴來像蜘蛛精，鬧起脾氣來像牛魔王……我家兩個孩子，別的共同點沒有，但是一管他們玩遊戲，兩個人都炸毛，正好一個金角大王一個銀角大王！」

「不用跟我說我孩子是三個類型中的哪一種，我現在很確定，我家孩子對遊戲上了癮！你告訴我，我該怎麼讓他戒掉這個壞習慣？」

我能理解，作為家長，從主觀上，管孩子玩遊戲時你有著對抗一個小妖怪的無力感和焦慮感，但是從客觀上，你其實缺乏評價一個孩子是不是妖怪的能力和身分。

別輕易在孩子身上貼「成癮標籤」

很多家長來找我，開門見山就是一句話：「我家孩子有遊戲癮／網癮，怎麼辦？」

家長的這句話，就把自己從問題中撇得一乾二淨了。因為既然是孩子有某種癮，那要麼從孩子著手，要麼從遊戲或網路著手，只要從其中選一個，就能解決掉孩子的問題。

當我讓這些家長提出專業機構的診斷證明，或者能說明孩子有網路成癮症或電動遊戲成癮等臨床表現的證據時，絕大多數家長都拿不出來。這種評價，絕大多數都是經驗性的、帶著情緒的、和扣帽子一樣的貼標籤。不少家長明顯提前做了功課，會向我強調：「二〇一八年六月，世界衛生組織已經將電動遊戲成癮列入精神疾病了！」

世衛組織的決策我也很支持，但它這麼做是為了讓既有的診斷體系能夠跟上時代的步伐，而不是為了讓本來沒事的人遭遇飛來橫禍的困擾。精神疾病診斷標準裡還有「工作狂」呢，按照某些家長的邏輯來講，那大家是不是也都別上班了呢？一個人喜歡玩遊戲就說他得了精神病，就像一個人嗆了口水咳了兩聲，就把他定調成肺癌一樣，是無端而可笑的。

事實上，真正的電動遊戲成癮，並沒有成年人想像中那麼普遍與嚴峻，的確存在有人因為玩遊戲而整個月待在網咖某個角落的極端情況，但大多數玩遊戲的孩子並不是無可救藥的瘋子，是可以正常溝通與交流的。

普通的遊戲玩家不該被差別對待，而真正患有心理障礙的孩子一定要得到妥善的幫助。家長缺少的，是對這兩種情況加以分辨的能力。

一部分家長會認為根本就沒必要分辨，遊戲就如同毒品一樣，跟海洛因、冰毒和搖頭丸的作用機制一樣，刺激大腦進入一個充滿妄想的狂誕狀態，孩子根本沒辦法理智思考，當然也就放不下遊戲手把了。

但事實遠遠沒有這麼嚴重。如果單單評估給孩子的大腦神經系統帶來的刺激，電動遊戲能發揮的作用，和吃一塊夏威夷風味披薩差不多。而安非他命類藥物能達到的效果，是電動遊戲的六倍，甲基苯丙胺（也就是冰毒）則達到了九倍。所以讓我們放輕鬆，好好思考一下，什麼樣的問題才是值得我們關注並深究的。

在分辨孩子是否成癮時，像美國兒童心理學家道格拉斯．簡特爾這樣的研究電動遊戲成癮的學者，會使用以下評估標準：

- 在花多長時間玩遊戲這件事上說謊。
- 為了獲得興奮感，花費越來越多的時間和金錢。
- 玩的時間減少時，會煩躁或不安。
- 透過遊戲來逃避其他問題。
- 為了能玩遊戲，不再做日常工作，也不完成作業。
- 偷遊戲，或者偷錢買遊戲。

當孩子越頻繁地做出上述這些標準中的行為，家長就越應該提高警惕。這裡的提高警惕，並不是說孩子在哪個方面表現不好，你就要進一步嚴格管控，這些評估表現出的是「結果」，而你需要注意的是「原因」的發生地，完全可能另有戰場。

比如說，有研究發現，最容易在電動遊戲、社交媒體或網際網路方面成癮的孩子，往往具有某些特徵，像是容易衝動、社交能力不足、抗壓性不夠、缺少認知靈活性、容易鑽牛角尖，以及存在社交焦慮等等。

此外，在電子產品成癮這件事上，男孩會比女孩更脆弱一些，而且遺傳因素也在發揮作用，尤其是涉及調節多巴胺系統和影響能參與情緒調節的血清素受體的基因。

很多家長會認為：「這孩子本身就有問題，加上電動遊戲的百般引誘，就好像屋漏偏逢連夜雨，問題自然會爆發。」

我能理解這種想法為何出現，因為在許多家長的眼中，網癮和遊戲成癮的邏輯是很簡單的，它大概是這樣一個公式：**孩子＋遊戲＝成癮**。但此公式只探討了玩家和遊戲的雙邊關係，其實是不夠的。

按照這個邏輯，想要等號後面的負面結果不出現，解決方案其實顯而易見：一方面「管住孩子能接觸到什麼東西」，另一方面「不讓遊戲出現在孩子的生活中」，這個問題不就解決了嗎？

很多人是這麼想的，也就這麼做了。於是「特訓營」性質，甚至「集中營」性質的「戒斷服務機構」誕生，各式各樣的戒癮手法開始流行，從部隊訓練、組織懺悔、背誦文章，到電擊、高溫禁閉，甚至強制服用藥物……五花八門、層出不窮。「亂世還需用重典」，大人們都這麼想。不少機構用的招狠，收起費用來下手更狠。我曾聽說一些讓孩子去沙漠這樣的地方參與治療，或者斷網停電，將孩子完全隔離起來的機構，對每個戒斷療程收費高達十幾萬元。

但效果呢？幾乎沒有任何有效研究能夠證明，這些強制戒斷行動所發揮的效果能在孩子們回歸日常生活後得以延續。

要真正解決問題，這不一定是最好的方法。幸虧相關的政府機構、醫療機構、媒體也注意到了這一點，所以我們才看到了越來越多的嚴肅探討。

認為孩子接觸遊戲，就是一個沒有自制力的個體和一個充滿誘惑力的魔鬼接觸，人加上癮源必然招致上癮，這本身並不成立。舉個例子來說，由於丈夫抽菸，很多女性飽受二手菸之苦，也算和癮源天天接觸，但也沒有染上菸癮，反而還恨了一輩子香菸，不是嗎？

我們有必要更加複雜化地去認識電動遊戲與行為成癮之間的關係。這個公式其實應該是這樣的：**（孩子＋遊戲）／社會環境＝成癮程度**。

這個公式指的是，在孩子與遊戲接觸的過程中，社會環境的好壞在很大程度上影響了是否會真正出現成癮。

多倫多大學的哈羅德．卡蘭特（Harold Kalant）教授在《成癮Adicciones》期刊上舉過這樣一個經典的例子：在美國內戰時期，由於對麻醉劑的理解與管理都有限，很多軍人都能接觸到它，而當時的社會文化氛圍對於靠這些麻醉劑緩解疲勞與焦慮是相對縱容的。這造成一個嚴重後果，就是不少老兵都有麻醉劑上癮的問題。

到了當代，麻醉劑仍然在臨床中應用，很多病人接觸到麻醉劑的劑量和頻率，其實都不算低。如果從純粹生理的角度來講，內戰時期的軍人和當代的病人都有同樣的機會成為麻醉劑成癮的俘虜，但現實情況卻是大量的病人即使暴露在麻醉劑的影響下，也不會出現成癮的症狀。

究其原因，並不是身體上的巨大差異，而是社會、文化與環境的不同，影響了成癮的發生。一方面，醫師會嚴格管理麻醉劑的使用，並知會病人他所面對的風險；另一方面病人自己也會多加小心，周遭的家人與朋友也不會放縱或鼓勵他在不必要的情況下使用麻醉劑。在各方面因素的積極影響下，就算使用麻醉劑的次數很多，這位病人也依然不會有成癮的表現。

同樣的道理，也適用於孩子對於電動遊戲的成癮。比如在同一所中學的同一個班級中，男生們接觸同一款網路遊戲的概率是差不多的，但是那些被霸凌、父母關係長期失調，或者家庭經濟狀況長期不好的學生，本來就面臨社會環境、個人性格、家庭資源方面的負面影響，自然就會面對更大的成癮風險。而擁有非常良好的社會環境的孩子，縱然接觸了龐大的電動遊戲，也不會有太高的成癮風險。

美國的一項研究發現，難以融入社會的男性中有三五%可能做出對身體極為負面的行為，比如長期酗酒。相對地，社會融入程度更好的男性人群中，只有一〇%的人有類似的問題。

那麼，哪些不利的社會環境會讓人面臨更大的風險呢？

毫無疑問，文化中對於成癮源的錯誤認識就是一類。**過度美化可能帶來風險**。像我小時候，很多男生認為叼根菸特別帥，給自己的成熟度加分，所以不少同學有樣學樣地開始抽菸。**過度醜化也可能帶來風險**。很多家庭把電動遊戲當作禁果，所以當孩子碰到親子衝突，想彰顯自己的叛逆時，自然也會首選遊戲作為戰場。

社會的隔離與忽視，也容易讓人昏頭昏腦地走上成癮的道路。作為靈長類動物，人一旦無法融入群體，缺乏社會地位，往往就會陷入壓力之中。這種壓力是多方面的，不合群會帶來經濟壓力、社交壓力、以及差勁的危機處理能力等等。壓力讓人焦慮，也讓人短視，所以如果什麼東西在當下有安撫的效果，哪怕長遠來看會產生惡果，也很容易在這時乘虛而入。人們暫時解決問題的同時，也不得不考慮怎麼樣才能暫時解決下一個問題，就這樣，欲罷不能。

外界的高壓和過度管控，也是不容忽視的影響因素。很多人玩遊戲的初衷是為了緩解壓力、釋放情緒，那如果總是有壓力，總是有情緒呢？要知道，不僅被忽視會帶來壓力，太被重視、時刻緊繃也會帶來巨大的壓力。所以很多對遊戲過分投入的孩子，並不一定是被父母忽視的孩子，恰恰相反，他們也很有可能是被過度重視的孩子，總是被牽著鼻子做這個做那個，所以才需要靠玩遊戲「壓壓驚」。

對電動遊戲過度投入不僅是孩子與遊戲之間的私事，更涉及家庭教育、親子關係、學校生活等層面。當遊戲誘發了衝突，甚至爆發了劇烈的爭執時，我們就不應該再把這看成一場拔河比賽了，而是應該學著關注其中同樣重要的各方面問題。

如果遊戲成為親子衝突的導火線，我們要做的並不是否認遊戲的價值，把它看作我們需要對抗的對象，這太有亡羊補牢的嫌疑了。我們要做的，是預先做好干預，防患於未然，這樣才能讓遊戲發揮幫助孩子成長的效果。

總之，我們最好停止「拆東牆補西牆」，而應該在一開始就做好一系列管理上的規劃。

「孩子拒絕我對他玩遊戲的任何管理提議，只要一提這件事就要生氣，該如何是好？」

的確，很多時候就算家長做到有理、有據、友善、有序的管理，孩子也會非常不配合，甚至表現得非常霸道、暴躁，難以管理。

這件事從根本上講，道理非常明白——如果一個人完全不配合管理，那他配不配得到管理者才能掌控的資源呢？

對孩子來說，他應該可以決定自己的時間、精力花在什麼東西上，畢竟「牛不喝水強按頭」的事情，家長也不該做。但玩遊戲不僅於此。硬體的費用、軟體的費用、家裡提供的網路、手機所使用的流量費用，這些本就不該是天上掉下來的禮物，支付這些費用不是家長養育孩子時的義務。

如果管理得不到被管理者的配合，那被管理者就應該承擔相應的代價。當一個孩子完全不能好好與家長討論該怎麼更合理地玩遊戲時，他就沒有資格得到在玩遊戲這件事上的任何支援，不管是硬體裝置的使用還是金錢，甚至家裡的網路。

在管理孩子玩遊戲之前，我們需要先讓孩子真正明白管理的意義是什麼，以及所有的得到都應該有相應的付出。

「我家孩子就是對遊戲之外的任何事情都提不起興趣，怎麼辦呢？」

一個非常喜歡玩電動遊戲的孩子，可能不太理解你對他說的「合理玩遊戲」到底是什麼意思。因為在他看來，不加限制地玩下去其實也挺合理的。他並不清楚在玩遊戲上的不節制可能意味著怎樣的代價，以及為什麼會有風險。

所以我們在討論時的重心，不該是負面導向的、指向未來的話語，比如家長們經典的「你現在只顧玩遊戲，以後能有什麼出息！」這句話有極強的功利導向，因為好像只有那些明顯能讓你在未來變得更好的事才是你現在該做的。

我們應該改用更加正面導向的、指向當下的話語：「如果把玩遊戲換成別的活動，可能也會非常有趣啊！」「雖然玩遊戲很有趣，但還有些事情我相信你也一定不願意錯過！」「我們每天都有安排專門的玩遊戲時間，不過除此之外，你願不願意聊聊你的其他規劃？如果能順利進行下去的話，我就不用常來打擾你了！」

這些話是不是聽上去更難拒絕一些？

這裡所說的別的活動，也不一定非得是學習性質的，它可能是運動、樂器、手工藝、閱讀、寫作，甚至也可以是專門的發呆和睡覺時間。

我們倘若帶著「除了學習之外，做其他事都是錯的」這樣的觀點與孩子交流，怕是聊不上兩句就要吵起來，但如果換成「雖然遊戲很有趣，但還有很多其他值得嘗試的東西」，情況就會好很多。

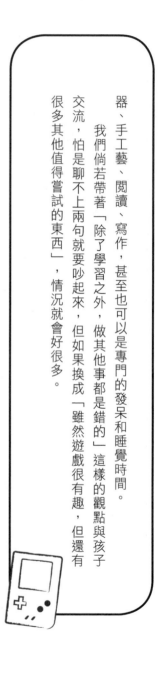

CHAPTER 8

比起直接管理，請擔任孩子的諮詢師

為什麼管理會失敗？

從負面形象到「C位」主角

雖然包括你我在內，今天有很多人都是電動遊戲玩家，但你在社交活動上或者交新朋友的時候，會主動披露這個身分嗎？

我想對於很多我這個年齡層的成年人來說，出於保險考量，在社交場合中並不會主動提及這件事，比起那些「正當的嗜好」，電動遊戲不太容易成為交際中的首要話題。在成年人的交流中，「有空一起打球啊」似乎要比「有空一起打遊戲啊」給人更好的觀感，雖然實際上打球的人不一定比玩遊戲的人多，人們對打球也不一定比對玩遊戲更有興致。

為什麼會這樣呢？在成年人的世界裡，有的人秀名錶，有的人秀名牌包，有的人秀學歷，有的人秀才藝，甚至有的人會自豪地說「我麻將打得不錯」，但很少有人會炫耀自己玩遊戲這件事。仔細一想，有點奇怪，不是嗎？

這並不是因為遊戲本身是原罪，或者遊戲玩家這個群體平均素質太差，而是因為當下處於一個比較尷尬的階段：在一些場合，說自己愛玩電動遊戲很容易引發對方的負面刻板印象。這些「場合」的出現很大程度上取決於投入者的年齡和成長經歷，與遊戲的好壞並無關係。

在《一級玩家》《全職高手》和《親愛的，熱愛的》這些電影、電視劇出現之前，電動遊戲玩家在影視作品中往往呈現出一種非常負面的形象：「書呆子」氣息嚴重，不善社交，說話結巴，個人衛生習慣差……總有著諸如此類的怪癖。甚至在《生活大爆炸The Big Bang Theory》這樣的由幾位科學極客（Geek）撐起主要情節的美式喜劇中，會玩電動遊戲也不是幾位男主角的「加分條件」，反而是為了凸顯他們的一些負面特質。

隨著九〇後與〇〇後世代逐漸長大，嗅覺靈敏的傳媒產業已經偷偷地見風使舵，完成了遊戲玩家的「人設」轉型，拋棄過去對電動遊戲的刻板印象，為了讓電視劇的收視率更高、觀眾更有同感，開始頻繁且積極表現「遊戲玩家」各種美好的可能性。

若是放在以前的影視作品中，遊戲玩家長得帥？學歷優？名利雙收？和女主角修成正果？當主角？統統都是不可能的！可是時代在變，這一代年輕人和上一代年輕人的文化基因截然不同，要想讓產品有傳播度，就要更貼近當下年輕人的真實態度。

拋棄對電動遊戲的刻板印象

作為家長，我們其實也需要這樣一個「拋棄刻板印象」的標準動作。原因無他，不管怎樣，在管理之前應該對管理對象放下偏見。

有一個研究要求成年人對幾種人進行評估，分別是「你自己」、「普通人」、「醫師」、「電動遊戲玩家」和「精神病人」。參與實驗的人在主觀上將「電動遊戲玩家」排序在「普通人」和「你自己」之下，只比「精神病人」好一點；「電動遊戲玩家」和「普通人」之間的差距，甚至大過了「電動遊戲玩家」和「精神病人」之間的差距。

這些差距並不能得到客觀現實的驗證，但在很多成年人的心中，玩遊戲的人的確低人一等。在不少成年人的觀念裡，對遊戲玩家存在著很明顯的刻板印象——他們本就是普通人，也完全可能是我們自己，但就因為把這個身分剝離出來，很多偏見產生了。比如，很多成年人認為遊戲玩家不懂規則，或者不守規矩，但這其實非常荒謬，因為實際上遊戲的本質就是規則的集合體，如果不尊重規則，那根本就沒辦法真正享受遊戲。

試想，類似這樣的刻板印象會如何作用於家長和教師對於玩遊戲的孩子的管理呢？這些孩子會遭遇莫名其妙的打壓，因為不管真相如何，他們已經被成年人認為比起「普通人」更加接近「精神病人」。他們只要玩遊戲，就一定會固執，一定會反抗，一定會偏激，一定會不思悔改，一定會帶來各種麻煩。

這還會讓自上而下的管理帶有更強的壓制性。因為玩家本身「有問題」，甚至在管理者眼中缺少基本的自知和自制，所以就該接受高度約束的被動管理，進入類似警察管犯人的暴力鎮壓模式。

除此之外，只要在管理過程中稍有摩擦，管理者就會因刻板印象而認定：「你看！他果然有問題！都是遊戲害的！」實際上，這些摩擦的發生是正常的，與其他的管理衝突沒有區別。但這些想法會讓管理者不願意探究親子衝突背後的真實原因和更好的解決方案，而只會一味地收緊管理的鎖鏈，盯得更緊，吼得更凶，管得更嚴。

總之，很多家長帶著偏見管理孩子玩遊戲，就像一個種族歧視的殖民者，打心底覺得轄下的原住民生來低賤；就像一個高傲的救助者，竟覺得幫助的對象之所以會痛苦，全是自作自受。在這樣的情況下，做「和平有效」的管理是不可能的。

其結果就如你我所見，在大多數家庭中，一是家長的威脅壓迫成功，孩子就範；二是孩子奮力反抗，兩敗俱傷；三是孩子學會了各種虛與委蛇、陽奉陰違的花招，讓家長的戒心升級，對抗進一步升溫。

跳出「信任陷阱」

家長帶著偏見管理孩子玩遊戲，就非常容易落入管理中的「信任陷阱」。

你管他，是因為你覺得他能做到，不然你管他的意義和價值何在呢？但是在內心的刻板印象中，你又對他所屬的玩家群體充滿偏見，不信任這個孩子，認為他根本做不到。這非常容易給孩子錯誤和混亂的訊號，也容易讓管理方式趨於暴力化，逼得孩子不得不與這種管理體系抗衡。

問題在於，公司能開除員工，團隊能踢走害群之馬，但是家庭不能把孩子一腳踢開。所以，除了信任他們，我們似乎也沒什麼好的選擇。「用人不疑，疑人不用」的管理原則在這裡仍然適用。放下成見，是很多家長在管理孩子玩遊戲前要做的第一步。

然而，也有很多家長對我說，他的孩子不值得他信任。每當他釋出信任，孩子就會反過來利用他，像是故意延長玩遊戲的時間，或是偷偷拿零用錢去買遊戲，有時則假裝借手機查資料，實際上卻在玩遊戲，簡直防不勝防，讓人實在是信任不起來。每次的信任似乎都會換來更大的管理難題，逼得家長不得不帶著更大的成見重回戰場。

我是這樣認為的：**信任你的管理對象，並不意味就不需要管理**。信任不等於放養，給他自由不等於告訴他不用自律。

不信任的管理是這樣的：「就讓你玩二十分鐘，時間到了我會告訴你，不管怎樣你都一定要停下。如果你不停下來，我們就來看誰大聲。」

放任式的管理是這樣的：「爸爸媽媽完全信任你，相信你一定能管住自己，去玩吧！」結果發現孩子完全沒管住自己，家長不得不把管理方式重新調回之前硬碰硬的模式。其實這不叫信任，這更接近撒手不管，然後再以「救世主」的姿態轉過身來收拾爛攤子。

在完全放任的管理情況下，孩子突然面對巨大的行為選擇空間，其實並沒有什麼自我管理的概念，他們並不知道怎麼管理、管理到什麼地步才算合適，也不知道採用什麼方法才能提升自己的管理能力，更不知道有什麼工具和技巧可供使用。

突如其來地給予孩子這麼大的自由度，雖說也算一種信任，但是對於解決問題的預想，實在是過度浪漫了。

這有點類似於讓不懂外語的人走進一家富麗堂皇的西餐廳，面對一臉笑容的侍者，看著好似天書的菜單點菜一樣。你不知道主菜部分哪個詞是鱸魚、哪個詞是羊排，更不知道選哪款酒適合海鮮、選哪款適合烤製的紅肉，甜點的選擇也很讓人頭疼，因為你可能是一個剛氣十足的男性，不想選一款女性氣息太重的粉紅色甜品，那會讓自己看上去有點奇怪。

在你內心糾結的同時，一旁的侍者還在耐心地微笑等待，情急之下，很多人的做法可能是胡亂點單，對侍者說「這個，這個，還有這個」，至於是否正確，那就看老天的安排了。這個時候，如果侍者拿著菜單離開你這桌時，還意味深長地對你笑了笑，那你恐怕是把這頓餐搞砸了。

對於孩子玩遊戲這件事也是同樣的道理，信任他們，並不是要把他們放在一個不知所措的環境裡。他們知道玩遊戲，就像你在西餐廳裡也知道要吃東西一樣，但他們不知道對玩遊戲需要做怎樣的時間規劃、精力管理，才能不影響睡眠和學習，就像你不知道哪隻手拿刀、哪隻手拿叉、面前大小不同的幾個杯子分別該裝什麼酒、這些酒該分別搭配什麼料理來喝一樣。所以孩子會慌亂、不知所措，並且只做自己唯一會做的那件事——玩。

變身「管理諮詢師」幫助孩子

給予孩子真正的信任，不僅是提供空間，認可其能力，更重要的一點，就是家長應該把自己塑造成工具、顧問、導遊、被效法的對象。比起管理者來說，家長和孩子的地位應該更平等，但同時，家長還是會給孩子一些中肯有用的建議。

家長在孩子面前扮演的角色應該是這樣的態度：「**我想你能自行管理好玩遊戲這件事，有什麼需要我幫忙的，隨時告訴我，如果有什麼難處，也可以跟我講。**我之前有段時間特別愛打撞球，那個時候我有個很有用的方法來管住自己別玩過頭，如果你願意的話，我可以跟你聊聊。」

當然，孩子可能一開始不願意聽你這些有點像說教的建議，但當他們發現自制力不足、自我管理出了問題，也付出代價的時候，自然就會找上你。而這個時候，是你再次提供信任與解決方案的機會。

千萬不要像很多家長那樣，在這個時候暴露出和之前截然相反的資訊：「早跟你說你不聽！你看，現在搞不定了吧，出問題了吧！我看還是得由我來管你才行！」注意，這就回歸到了不信任的狀態。

信任的狀態，是家長當一個「**顧問**」，而不是當老師或者當老闆。我們不僅要信任孩子有解決問題的能力，同時也要信任孩子具備分辨有價值的資訊、吸納他人經驗的能力。

在玩遊戲這件事上，孩子是玩遊戲的專家，家長是自我管理的專家。我們不能把自己的管理經驗強灌到孩子身上，但我們起碼可以把它陳列出來，變成一種「自助式管理」。

總之，對孩子遊戲管理的起點，是拋棄舊有的刻板印象，從信任孩子開始。不信任引發的結果，是家長替孩子管理遊戲；放縱孩子的結果，是遊戲完全得不到管理。而我們追求的結果應該是這樣的：**孩子能靠自己管好遊戲，而我們作為成年人，只有給他提供幫助的功能。**

我們要扮演的角色之於孩子，有點類似於管理諮詢公司之於企業，只不過企業需要的是好好經營，而孩子需要的是好好學習、好好遊戲、好好成長。企業找到管理諮詢公司，並不是要讓後者來替他們管理公司，而是要藉助後者的經驗、資料、工具，更明確地找到自我定位，找到方法，靠自己管好公司。

好的管理諮詢公司會怎麼做呢？他們信任客戶，覺得客戶有能力把自己提供的幫助轉化成實際效果；他們不替客戶做決策，但是會給客戶提供各種智力支援；他們會即時跟進客戶的發展和改變，該提醒就提醒，該指導就指導，該警告就警告。除此之外，他們對自己的角色定位清晰，從不逾矩，即使客戶有各種麻煩與制約，也一直警覺地以解決問題作為核心要義，所以從不對客戶這樣說：「有你這樣的客戶，我真是倒楣！」「你看看別的客戶，再看看你！」或者「我對你說了八百遍了，你怎麼就是不聽呢！」要知道，很多家長也總說類似的話。

的確，很多家長在管理孩子玩遊戲的過程中，情緒往往來得直接、猛烈，不吐不快，話語中情感宣洩的成分超過了技術支援的成分。可是作為成年人，你要比孩子更清晰地知道：情緒表達不能代替理性思考。

成為「管理諮詢公司」，需要瞭解一些「行業資訊」，這些資訊我們已經在本書前面的章節中介紹過了。接下來，我們面對的問題是：我們到底該在什麼時候、哪些方面給孩子當顧問呢？

什麼時機該出手管理？

兩項管理原則

在管理孩子玩遊戲這件事情上，有兩個比較重要的出手原則。

第一，**從孩子第一次接觸遊戲開始就要設定要求**。一開始不管，之後發現難管了，結果管不了，這是很多家庭對孩子進行遊戲管理時的真實寫照。所以如果你的孩子年齡尚幼，而且你也打算開展「親子共遊」，那你一定要做的一件事就是與玩遊戲同步進行的遊戲管理。

我知道，在教養孩子的過程中，很多家長會有「預先管理」的概念。比如為了讓孩子能輕鬆應對兩三年後上小學的挑戰，就會提前讓孩子識字背書；在孩子還沒產生興趣之前，就為了「培養興趣」而參加各種才藝培訓班；在孩子還沒有同伴社交概念的時候，就為了讓孩子學會「分享」而去參加各種親子班。我個人很反對類似的超前教育，就像把好端端的教育弄成了一條標準賽道上的「軍備競賽」，這是不可取的。

玩遊戲這件事不需要什麼提前的教育和前置的管理，它是件興之所至的事情，前置動作太多並不是好事。你不用讓孩子在玩遊戲之前先接受訓練和規矩，這麼做其實沒什麼意義。儘管預先管理這麼流行，可在大多數家庭中，與玩遊戲相關的管理是「善後管理」和「被動管理」。

對很多家庭來說，孩子一開始玩遊戲的時機不一定能得到控制。也許是過年期間的一次家庭聚會上，大人們忙著聊天，不知不覺孩子跟著堂哥玩了很久；也許是某晚他借宿在鄰居玩伴家裡，偏偏這位玩伴的父母並不介意孩子玩遊戲，所以他玩了個昏天黑地；也許是有一天爸媽都很忙，只能用遊戲來填充孩子閒暇的時間，自然就在相當長時間裡沒有人來管他玩遊戲。

一開始，玩遊戲並沒有帶來什麼肉眼可見的代價，但如果一直不干預，那你很快就會發現情況漸漸失控。父母往往會在此時開始被動地管理，孩子先「失控」，父母才去「應戰」。這個時候，孩子會產生「之前玩兩個小時都沒人管我，為什麼現在突然不可以了」的疑問，反抗和淚水也接踵而至，家長的情緒也可能會失控，管理自然就趨向於暴力化。

所以在我看來，**管理孩子玩遊戲首選的契機，早也不行，晚也不對：它應該發生在每一次玩遊戲時，這樣才能逐漸把管理要求變成習慣。**

在我大兒子第一次玩遊戲之前，我並沒有對他說過任何關於遊戲管理的事情，但是在他第一次玩遊戲的時候，我們就約定了要玩多長時間。當然，這個時間長短可以酌情變動，但如果你不一開始就設定一個時間的話，你怎麼知道未來該延長還是該縮短呢？況且，如果你不在一開始就設定時間上的管理，那在未來有需要的時候，又憑什麼說服孩子限制遊戲時間呢？

所以，我們可以讓孩子與遊戲的第一次接觸在契機上隨意，但不可以在管理上隨意。對於孩子還沒有開始玩遊戲的家長，上面這條原則很重要。對於孩子已經開始玩遊戲，甚至玩得不少的家長，下面這條原則更有參考意義。

第二，在處理孩子因遊戲而產生的各種問題時，有一個基本的參考標準——遊戲不應該對其他生活要素產生影響。

不少孩子在與我單獨談話的時候，當被問「為什麼爸媽會管你玩遊戲？」時，他們給我的回答都是這句話：「因為他們就是見不得我高興。」仔細一想，這其實很可怕，因為父母按理說是天底下最期盼孩子過得快樂的人，但是他們的很多行為，從孩子的視角去解讀，卻得出了這麼一個結論。

孩子玩遊戲的時候，我們打斷他的原因有很多，可能是要保護眼睛、早點上床睡覺、還有沒完成的作業要趕、明天有正事要忙，甚至就是因為他玩遊戲的聲音太吵，或者佔用了客廳裡的電視機。

不管具體的原因是哪一個，對孩子來說最直觀的體驗，就是自己正開開心心地玩著，卻因為家長的介入被中斷了，也難怪會得出上面的結論：「他們就是見不得我高興。」因為對孩子來說，家長的出現最主要的功能和帶給他的第一感覺，就是當下的快樂時光要結束了。

所以，當你嘶吼著「都幾點了？還在玩遊戲，還要不要睡覺啊！」的時候，孩子的第一反應是「玩不成了」，而不是「真的好晚了，不該玩了」。自然而然，他會反駁，或者假意就範，實際上第二天晚上還是會玩到很晚。

作為家長，我們當然知道此時此刻玩遊戲玩得太久會帶來什麼潛在的問題，但是孩子不一定能夠意識到。就算我們帶著「遊戲不該干擾其他生活」的原則去管理，孩子也不一定能夠理解這一點。

好在，總有比說教更有效的管理方法。

玩多久才算久？

孩子玩遊戲最首要的負面影響，就是因為玩得太久、太投入，以致排擠了其他日常行為的時間，舉凡讀書、睡眠、運動等等都在其中。

玩遊戲的時間太久，也是家長發火最主要的原因之一，他們衝著孩子喊：「你都玩多久了！」可孩子內心的真實感受卻是：「我覺得自己沒玩多久啊，我覺得還可以再玩一會兒。」

我們之前提到過，遊戲非常容易啟發玩家的「心流」體驗，而其表現之一，就是讓當事人產生時間飛逝的感覺，所以，也許你「度日如年」地看孩子玩遊戲，他本人卻真的覺得玩遊戲的時間實在是轉瞬即逝。

對於什麼年齡層的孩子該接觸電子產品多長時間這個問題，並沒有固定或標準的答案。美國兒科醫學會提供的參考時間，是建立在不影響孩子視力的基礎上的；一些心理專家提供的參考時間，則是來自一些對心理健康程度和電動遊戲時長之間相關性的研究；還有一些教育專家提供的參考時間，很可能來自於自身日常經驗的總結。這些資料很有價值，但都不能原封不動的套用。

最適合你家孩子的遊戲時長，需要在不傷害他身體的前提下，由你和他一起去尋找。既然是一起尋找，那就需要協作。可是很多家長掌握了時間管控的霸權，而沒有做到在時間管理上的溝通，所以我們接下來好好談談，如何對孩子做好玩遊戲的時間管理。

對於家長來說，首先需要調整自己對孩子玩遊戲的具體期待。很多家長認為，「玩得越少越好」。但這種觀點是錯誤的，如果從這個視角出發，家長與孩子根本就沒法好好溝通。

不妨想像一下你有一個摳門的老闆。他對你說了這樣一段話：「我希望你拿的工資越少越好，當然啦，活你還是都得幹！如果你一毛錢都不拿，我就太開心了。不過我知道，你肯定還是要拿工資的，可是我們從現在開始越拿越少，一步步來，好不好啊？」面對這樣的期待，你會做何反應呢？如果你可以非常配合地滿口答應，那你的老闆要有多大的人格魅力啊！

我們對孩子玩遊戲的時間管理，並不是讓他玩得越少越好，甚至儘量不玩，而是要讓他找到在生活中安排各種要素的節奏感。拿起遊戲就放不下、整晚在被窩裡玩手遊當然不可取，但我認為如果一個孩子早上五點半起床就開始念書，一邊背英文單字一邊吃早飯、午飯和晚飯，一直到深夜一點睡覺前，所有的時間都被課業填滿了，那麼他的生活習慣恐怕也不算健康吧？

所以，讓我們先來整合一下想法：**我們對孩子做遊戲方面的時間管理，是為了讓孩子找到自己生活的節奏感，把自己生活上的各方面都安排得井然有序，並且有一定的彈性空間，而不是讓他最好徹底不玩，把所有時間都用來學習。**

誰的時間誰管理

我不知道你有沒有買過金融產品，很多金融產品是一種典型的「託付管理」，比如我媽買的號稱「保本」的低風險投資組合。之所以能做託付管理，是因為你能夠把錢交給銀行這樣的金融機構，等過了半年或一年再連本帶息取回來，當年存的錢和今天取的錢，不管是多了還是少了，都是錢。

然而，孩子的時間是不能交給家長做「託付管理」的。孩子的時間不能專門抽取出來存到家長那裡，等哪天心情不錯再向家長要回來。時間的本質使然，你永遠不能真正地替孩子管理他的時間，因為他的時間從來都不可能屬於你，哪怕暫存都不行。

管理的是誰的時間，就該由誰來做時間管理——這件沒辦法改變的事，很多家長卻愛假裝不知道。很多家長一心一意地捲入孩子的時間管理中，卻不知道任你多麼努力，都不可能真正掌控實權，因為孩子的時間只能屬於他自己。家長充其量只能提供建議，而無法真正參與決策。

你能做的，是參與全家人的電子產品使用管理，而孩子玩遊戲只是其中的一環罷了。身為一家人，大家可以提供建議，彼此守望，但在根本上只能各自執行。道理雖如此，但並不意味著你什麼都不需要做。

以全家的電子產品使用情況通盤考量

我們可以把這件事理解成類似「搭臺唱戲」的關係，家長搭臺，孩子唱戲。他具體要唱什麼、怎麼唱，我們決定不了，但是如何將這個臺子搭建得更能使孩子按照我們的期待去唱戲，還是有方向的。要搭好這個臺子，我有幾個建議。

第一，**停止「碎片化遊戲」是做時間管理的重要前提**。零散的遊戲時間很難統計和管理。就像給你一堆零食，會使你即便吃不下正餐，也照樣長胖，還可能營養不良，遊戲也是同樣的道理，所以需要專門留時間來玩。這乍看之下有點反直覺：我們是在管理孩子玩遊戲的時間，卻還要專門為他安排大段時間來玩遊戲？

還真是如此。現在很多智慧型手機都有螢幕使用時間的統計功能，我建議你也不妨開啟，看看自己每天大概會花多少時間在手機上。在開啟這個功能之前，我建議你先預估一下自己每天用手機的時間長度，等你用了幾天，可以看到每天平均使用時長後，再來比對自己預估的情況和真實情況之間的差距。

不出意外的話，你會發現你大大低估了自己每天用手機的時間。之所以會這樣，是因為我們往往是在碎片化時間裡使用手機，使用時間很難理性評估與統計，容易讓我們產生「其實用得並不久」的錯覺。

孩子玩遊戲也是一樣的。如果每次玩遊戲都是在碎片化時間裡玩上一小會兒，就會玩得不盡興、不過癮，又不覺得有什麼代價和損害，同時也不會激起家長的警覺。但聚沙成塔，其實玩得並不少，卻不滿足，更重要的是，這也給一系列的管理增加了難度。

如果孩子先在爸爸的手機上玩遊戲，等爸爸要用手機的時候就休息一下，接著轉過頭去拿起媽媽的手機，等媽媽的手機也被要走後，再去打爺爺奶奶那台平板的主意。他在各個裝置、各段碎片化時間裡輪流玩遊戲，那麼問題就很明顯了：碎片化的時間、不確定的遊戲平台，讓他每次都玩不盡興，卻又花費了超過自己知覺的大量時間，這時家長即使要管理，也難有合適的切入點。

與其這樣，還不如每天專門安排一到兩次的長時間遊戲時光，在相對確定的時間點，並且一定要固定玩遊戲的裝置。在我家，週一到週五，孩子每天有二、三十分鐘專門的親子共遊時間，週末每天有兩次，每次也是二、三十分鐘。至於玩遊戲的裝置，也只有電腦和連線在電視上的遊戲機，不管是手機還是平板上都沒有電動遊戲。

家長只有真正把玩遊戲看作一件需要拿一整段時間來做的專門事情，才有可能說服孩子踏踏實實地管理。如果對什麼時間玩、玩什麼、怎麼玩、玩多久這些問題的回答零散而混亂，管理就無從談起。

第二，需要結合孩子的年齡來做遊戲時間管理。譬如，比較低齡的孩子通常沒有良好的時間長度概念，而只有時間順序概念，他們能夠理解「做完這個，再做那個」，但是無法理解「這個做多久，那個做多久」。對於稍微大一點的孩子，我們才能更進一步地做遊戲時間管理。

這個問題在我家一開始就被擺上了檯面，那時候我家大兒子還小，我們做時間管理的對象不是玩遊戲，而是看動畫片。

我大兒子有一個讓我不少朋友都羨慕的能力：看電視時，每當到了約定時間，自己主動關電視。從他第一次看電視開始，我們就商量好了單次最長時間為二十分鐘。每次看電視前，我們都會問他：「兒子，看多長時間啊？」「二十分鐘！」他這麼回答，倒不是因為他能理解二十分鐘有多久，而是因為他並不知道還有別的選項。每次看電視「只看二十分鐘」已經在他心裡形成了相當強的認知慣性，我們已經培養了孩子良好的看電視習慣。

我家有一個聲控計時器，動畫片一開始播放，我就在計時器上設定一個二十分鐘的鬧鈴。這個鬧鈴有很重要的功能：它讓家長不用站出來向孩子提出負面要求。二十分鐘後鬧鈴一響，是計時器提醒兒子關電視，而不是我們。所以我會遠遠地喊：「兒子，計時器在提醒你，讓你關電視了。」有時劇情正在關鍵時刻，我們會允許他多看一會兒，但不會關掉吵鬧的鬧鈴。計時器會無止盡地一直提醒：該關電視了。當兒子主動把電視關掉時，我也會聲控計時器把鬧鈴停下。

這個計時器其實扮演了一個仲裁員的角色，因為是計時器而不是家長讓孩子停止看電視，所以它能幫助我們避免和孩子在「時間到就停」這件事上針鋒相對，成為爭執不下的雙方。同樣的道理，其實也可以應用在孩子的遊戲時間管理上。

第三，結合遊戲的形式，人性化管理。比如，像《英雄聯盟》這樣的遊戲是以「局」為單位的，如果硬性地用二十分鐘來要求，孩子面對遊戲被打斷的情況，當然會生氣。若是賽車遊戲就可以論「圈數」；對於球類遊戲可以論「場數」；而《魔獸世界》這樣的多人線上遊戲，還要考慮孩子是在打副本還是在做普通任務，才好做進一步管理。這方面的具體方法，你可以參考本書第六章的內容。

第四，不妨和孩子聊聊，他玩遊戲到底是為了什麼，再據此來規定時間。很多家長並不認可遊戲的功能性，覺得只要是玩遊戲就是浪費時間，所以從不與孩子談論「玩遊戲是為了得到什麼」的話題。但我們如果想讓孩子自己主動來管理遊戲時間，就要先幫助他釐清自己到底希望透過玩遊戲得到什麼。畢竟有了清晰的目標，才能做管理上的規劃。

如果孩子在遊戲中有需要每天完成的固定任務，我們就把時長設定到足夠他完成每日任務；如果孩子是想和同學在晚上一起玩，我們也可以安排時間來讓他能夠玩得盡興，又不至於耽誤時間；如果孩子學習壓力大，想用遊戲來紓解情緒，我們就安排一段足夠讓他從學習壓力中緩解的遊戲時間；如果孩子想在遊戲中和爸爸度過親子時光，我們就要把自己晚上的相應時間也安排出來。

第五，採用一套能循序推進且可變通修正的時間管理方法。千萬不要指望孩子的第一次時間管理就會非常成功，每一次管理規劃，都只是提供了一個供未來進一步打磨的底子。孩子上學，課程表也會隨著每個新學期而更換，並沒有一勞永逸的規劃表。

在這裡，我推薦家庭電子產品使用規劃的七個步驟。

第一步：**全家人都要做電子產品的時間管理**，一起開個會，每個人的需求都要專門拿出來探討。事實上，在絕大多數家庭中，需要做電子產品管理的不僅僅是孩子，盯著YouTube不放的爸爸，以及刷Instagram停不下來的媽媽，同樣需要管理電子產品的使用。而孩子的遊戲管理，需要父母以身作則。

第二步：**列出遊戲之外的活動**。如果孩子玩遊戲的時間主要是在平日的晚上，那家裡的每個人都把自己晚上要做的事情列出來，能想到多少就列出多少。比如，爸爸下班後要洗碗、看書、洗澡、遛狗、玩手遊；媽媽回家後要做飯、給孩子輔導作業、敷面膜、逛購物網站；孩子回家後要吃飯、做作業、玩遊戲、看課外書。

第三步：**思考優先順序**。把這些活動的優先順序排列一下，說說哪個更重要？為什麼重要？你會發現，不管是大人還是孩子，在理智上，其實都知道電子產品不應該排得特別前面。

第四步：**按行為順序排序**。把各個選項按照行為順序排列。

第五步：**標註每個行為的預估時間**。像寫作業這種事，不太好說到底需要多久，可以給一個相對彈性的時間；像玩遊戲這種事，可以給「最少二十分鐘，最多半個小時」的彈性時間。

第六步：**全家人互相評論，共同討論，做第一輪修改**。假設性地談一些潛在的特殊情況，遇到特殊情況時該如何應變，比如爸爸回家要用電腦加班、媽媽要過雙十一、小孩生了病，或者家裡有什麼需要緊急完成的突發事件。

第七步：**公告與執行**。一週後，根據執行中具體遇到的困難，全家人再進一步做時間的規劃修改。

當父母對於遊戲時間管理的態度篤定，孩子得到幫助，全家更加自覺深入地思考為什麼要對遊戲進行管理時，再搭配優質的工具，「到底玩多久算時間長」這種問題恐怕就不再重要了。

擔心孩子在網遊世界中學壞

訓練處理人際關係的能力

有一次，一位媽媽來找我諮詢，原因也是孩子玩遊戲玩得太過火。但和許多家庭的情況不一樣，她對自家十四歲的孩子滿口喊著「寶貝」，感覺她的愛滿到都快溢出來了，但說到孩子的玩伴，即那些「別人家的孩子」，眼睛裡全都是憤怒的火焰。

她覺得自己的孩子是被別人帶壞的。她堅持自己的兒子既可信又可愛，同時認為平時與他一起玩的那些同學的家長，都是些不懂怎麼管孩子、不懂怎麼處理孩子玩遊戲問題的人，所以要麼就隨便孩子瞎玩，要麼就不約束孩子在遊戲裡的言行。結果呢？這些家長的孩子把她「完美」的兒子拖下水。畢竟，孩子太難真正做到出淤泥而不染。

如果現在我給她提供解決建議，恐怕第一條就是讓她把這本書讀完，再推薦給更多的孩子家長，幫助這些家長在遊戲管理上能觀點一致且優質。不過，當時我給的是另外兩句實話：

第一，你不是太陽，地球不繞著你轉。

不管是在遊戲中，還是到了社會裡，誰也不能完全主宰他人的行為。面對生活，我們也不能因為有挑戰、有困難就裹足不前，我們無法在粉飾太平的同時自欺欺人，彷彿這個世界上就沒有陷阱和代價一般。每個人的行為都有好有壞，我們在其中靈活應對，這才是世界的真實模樣。

我們不能保護孩子一輩子。要知道，很多時候害了孩子的，並不一定是這些外在的短暫影響，而恰好是來自家長的保護欲。

所以我覺得，在孩子進入社會被現實教訓得頭破血流之前，在遊戲裡面見見世面，也蠻好的。畢竟在管理到位的情況下，遊戲中的代價能掌控在手中。遊戲在這方面是對真實世界的完美模擬，你所處的群體中，總有形形色色的人。現實中有騙子，遊戲裡也有；現實中有花言巧語、口蜜腹劍的小人，遊戲裡也有；現實中有愛佔人便宜的討厭鬼，遊戲裡也有；現實中有情商低、口無遮攔的大嘴巴，遊戲中這樣的人也不少。

甚至還有更加複雜的人存在。有的人刀子嘴豆腐心，有的人看似吝嗇，實際上卻有大愛，有的人小毛病不少，但是在大是大非的問題上從不站錯邊。遊戲的世界與環境雖然沒有現實複雜，但是給人性在各種可能性上的表現還是預留了足夠的空間。這些人，不管是在遊戲裡還是現實中，我們早晚都會遇見、接觸，難免少不了要經歷一些糾結的互動。

你不能要求孩子在現實與遊戲中接觸到的其他人都是完美同伴。你不妨倒過來想，如果一個孩子各方面的表現都完美，他為什麼要和你家孩子一起玩呢？事實上，也不存在這樣一個完美同伴。人都是複雜多樣的，讓孩子早早意識到這一點，並開始練習和人打交道，要比給他營造一個虛假的完美空間來得更有價值。

第二，腿長在自己身上，人總有選擇的空間。家長與其把遊戲中的社交風險看作絆腳石，不如把它當成磨刀石。

你覺得一個人不好，不和他相處不就行了嗎？如果不得不相處，你總要學會靠自己的力量去解決問題吧？

讓我們假設，你的隔壁住得是一位熱心的大姐，但你的樓上卻住著一個動不動就在家組織聚會的年輕人。隔壁大姐總是讓你如沐春風，樓上的年輕人卻可能讓你睡不著覺，相較之下你當然會更喜歡大姐。但你要考慮的是：你該怎麼辦呢？你可以和大姐建立友善關係，但是怎麼應對樓上的年輕人呢？主動溝通、拍門罵街、直接報警，還是買個「震樓神器」報復呢？

如果你的孩子連在遊戲裡和他人打交道的能力都不具備，你怎麼指望他突然就能擁有其他的技能，譬如，出國後處理好跨文化的室友關係、上班後搞定複雜的職場關係、在戀情中摸清親密關係裡那些複雜的芥蒂。

當然，我不是說遊戲是訓練這些能力的唯一方法，但起碼它可以扮演一個訓練場所的角色。我也不是說家長可以完全不管孩子在遊戲中碰到的負面社交夥伴，我們還是要確保孩子所面對的挑戰在他當下能處理的範圍之內，這樣才能達到鍛鍊的效果。

遊戲中的關係、真實世界中的關係，以及人處理人際關係的能力，對很多人來說，這三者之間具有顯著的關聯性。你要知道，遊戲本身是可以給「關係」賦予更多影響力的。

••••••••••••遊戲在社交功能上並不遜色

很多人誤以為愛玩遊戲的孩子會越來越孤僻，其實恰好相反，遊戲本身就是一種優質的社交管道。

有研究發現，小時候玩過紅白機的孩子，比那些沒玩過的孩子在長大後擁有更強的社會適應性；家裡有個遊戲機也會明顯增進家庭成員之間的交流，還能增加孩子與其他同齡朋友共同進行戶外活動的機會；甚至在孩子們的群體中，那些玩遊戲的孩子也被同伴評估為「更加合群」。

《魔獸》電影上映以後，我第一時間想到要去電影院一起看的人，是我的一個大學同學。這個人叫林羽立，我們當時都是心理系的學生，他也是我十幾年的好友。大學畢業後，他和我一起北漂，過了幾年，他被公司外派到美國，隔很長一段時間才能回國一趟。

而他那次回國，恰逢《魔獸》上映。我們兩個是最適合陪著對方一起看這部電影的人了！因為我們在《魔獸世界》生涯的主線上，誰也沒離開過誰。我們從一級開始組隊，一起打到了滿級。無數的地圖、副本和戰場，都留下過我們兩個並肩作戰的身影。

因為在遊戲裡的共同進步、成長、戰鬥，我們成為無話不談的好朋友。一直到今天，即使見面的次數很少，我們也依然是那種不用打招呼就可以把對方的車開走拿去用的朋友。相信我，對於成年男人來說，這是非常要好的感情。為什麼我能這麼篤定呢？

當初在心理學院，我們這年級的男生有三十多個人。我的學號是一號，他的學號是三十一號；我是個山西人，他是個福建人；我是個上大學前都沒給自己買過衣服的人，他剛報到的時候就有潘瑋柏喜歡戴的那種嘻哈項鍊；我去小吃店天天吃麵，他在餐廳不吃米飯就渾身難受。那我們為什麼會成為無話不談的多年好友？

歸根究柢，是一款好遊戲成為我們的交集。這款好遊戲裡有競技、合作、情懷，而與你一起分享這個好遊戲的人，自然能與你走得近，彼此的信任與好感當然不會缺少。

後來，我以會長副手的身分幫忙打理遊戲裡的一個公會，他則成了整個伺服器知名的「奸商」，專靠投機、囤貨傾銷來賺金幣，很有幾分商業頭腦。相應地，我能幫他拿到一些高階裝備和材料，而他自然也能時不時贊助我一些「真金白銀」。在遊戲裡，我們開始把對方當兄弟，到了遊戲外，也就有了自然而然的轉移。

我覺得，如果一個遊戲膚淺、幼稚、無趣，那與你一起玩這個遊戲的人，除了和你一起吐槽它之外，還有什麼可做的呢？你們只能一起吐槽這個爛遊戲，然後就分開了。唯有一個質感好又好玩的遊戲，我們在觸碰和深入它的時候，才能邂逅其他有趣的靈魂，然後和他們打招呼：「哇，原來你也在！」

當然，我也知道籃球、科學研究、學生會等都可能成為人與人之間友誼萌芽的交集。這些事情同樣會打造出一個共同的圈子，同樣豐富多彩，同樣讓人覺得有收穫。

但我想說的是，遊戲在社交這個功能上一點都不遜色。依託有深度的好遊戲，你可能會發現對方更多閃閃發光的地方，和對方一起完成一次奇妙的探險，彼此有犧牲和幫助，而這些無一例外都是友誼的基石。

結識遠方朋友的契機

我從二〇一〇年開始在北美伺服器（簡稱美服）上玩《英雄聯盟》，甚至還擁有美服專門送給公測老玩家的專屬角色面板。這個遊戲給我帶來的最大樂趣之一，是讓我有更多機會使用外語和他人交流。

二〇一二年我在遊戲中碰到了兩個很好的朋友，他倆都是加拿大人，一個是巴西裔的帕爾維茲，另一個是菲律賓裔的達爾文。考慮到工作安排和時差問題，我們三個人每天有兩個半小時可以同時上線。在這兩個半小時裡，我們要儘量多贏幾局。想要贏，就要戴好耳麥，進語音平台裡即時溝通。

說實在話，我從小學四年級開始學英語，就數二〇一二年那一年進步最快，尤其是口語。如果不是因為遊戲，我恐怕很難如此低成本地結識願意和我打交道的外國朋友，更難有機會紮紮實實地和老外如此高密度地使用英語對話。如今這麼多年過去了，我美服的帳號已經許久沒有登錄，但大家的友誼還在。帕爾維茲和我一樣，已經有了兩個孩子，而達爾文則在去年迎娶了一個來自山東青島的女孩。

這件事讓我深切地體會到「玩家有國籍，遊戲無國界」。如果沒有網際網路和線上遊戲，我真的很難想像還有什麼東西能把我和這兩個朋友串聯起來。

可能有的家長認為，那個時期還是線上社交的「萌芽期」，大家都單純得很，但現在讓孩子去玩網遊，「鍵盤俠」和「酸民」那麼多，雖然也希望能把這看成一種孩子成長的機會，但的確擔心這些負面的東西來得太過猛烈，孩子難以應對以至於學壞，怎麼辦呢？

這樣的擔心不無道理，很多遊戲裡的社交環境的確非常糟糕，就算是帶著「感受過才能學會應對」的態度，也不一定真能搞定。可是如果給孩子一套線上社交的方案，他們還是有機會在獲得友誼的同時避免受傷害。

好遊戲裡有好朋友

好遊戲裡才能交到好朋友，相對地，在爛遊戲裡碰到爛人的概率也不是一般的高。對線上遊戲來說，「玩家素質」是考慮要不要玩時的一個重要參考指標。有的遊戲對玩家社群的管理不力，就造成了爛人成堆的問題。而有的遊戲門檻高，能在裡面玩出名堂的人，通常都不會差到哪裡去。

比如有一款知名遊戲叫作《星戰前夜》，是一款以浩瀚星空與廣袤宇宙作為背景的遊戲，上手難度極高，光是新手訓練的閱讀材料，就有差不多十二萬字。而這個遊戲裡的資深玩家，少有那種沒素質的，因為這樣的人早早就被遊戲機制勸退了。當然，這個遊戲裡也爆發過在整個網路遊戲歷史中留名的巨大衝突：在遊戲裡，玩家群體之間發生了超大規模、曠日持久的全面戰爭，涉及的資源、戰略、情報細節非常複雜，具體情況堪稱傳奇，前後因果極為燒腦，也從另一個角度證明了這個遊戲裡真的都是聰明人。

如果你不希望孩子在遊戲裡的社交受到太多他處理不來的負面影響，就不要讓他玩本身社群氛圍很差的遊戲。

所以我一直不太支持讓孩子玩免費遊戲。因為從邏輯上來講，不可能有一款遊戲是真正免費的。很多時下流行的免費遊戲，進入門檻太低，開始玩之後的消費陷阱又太多，所以總存在各種潛在問題。

舉例來說，如果你玩一款真的不花錢的遊戲，那你就一定要清楚地意識到，遊戲的製作與營運公司不是慈善機構，在遊戲營運方的眼裡，不花錢的你恐怕算不上玩家，更不是客戶，而更接近於遊戲的內容，是其他付費玩家消遣的對象和娛樂的素材。而且只要你不花錢，你就永遠無法與這些花了錢的「真玩家」平等社交。

‧‧‧‧‧‧‧遊戲能構成社交網路‧‧‧‧‧‧‧

玩家應該知道，即使是在遊戲裡，也要懂得珍惜自己的羽毛。很多人玩遊戲時抱著滿不在乎的態度：又沒人知道我是誰，我罵人也就罵了，還能怎樣？大不了我以前的帳號不要了，重新再開一個。

如果帶著這樣的心態投入線上社交，其實很難融入一個好的社交圈子，反而極容易陷入社交孤立的惡性循環。

遊戲也能構成社交的網路。一開始你只認識甲，並透過甲認識了乙，還可能因為乙認識丙。等下次你上線時，如果甲不在，自然而然地，乙和丙就成了你的首選隊友。

在日常生活中，我們的社交圈其實受到不少限制。比如我家孩子所在的幼兒園裡，肯定沒有家裡特別有錢的同學，也肯定沒有家裡特別貧困的同學，因為前者看不上這個幼兒園，而後者又往往在上私立幼兒園這件事上有捉襟見肘的現實問題。

但在遊戲中不會。你會在遊戲裡碰到各式各樣的人，而且還要和他們好好打交道，不管這個人是你朋友的朋友，還是遊戲平台隨機分配給你的隊友或對手。**很多成年人其實都沒有意識到，雖然我們每天可能會碰見很多人，但這些人彼此過於相似。而透過遊戲，我們則有機會認識更多的、更酷的、更跳脫我們日常生活圈的人，**這能讓我們瞭解多彩生活真正可能是什麼模樣。

比如，如果沒有遊戲，我可能永遠不會認識韋恩，他是我的一個線上戰友的戰友，一開始偶然一起玩，後來自然而然地成了新戰友。

遊戲世界裡總會有一些無聊的等待，或者平靜的休息時光，而在這些時間裡，我知道了韋恩是兩個孩子的父親。那個時候，我家老二還沒出生，而來自韋恩這位二寶爸的經驗和安撫，著實給了我很多幫助。除此之外，他還是個非常熱愛運動的父親，所以會安排固定時間帶著老大踢球、陪著老二游泳，這給長期當宅男的我帶來很大的影響。我因此開始安排和我家大兒子一起參加體育活動，帶他到戶外去玩，其中很多都是他的主意。

與此同時，他身上還有一點值得我學習：在遊戲中，不管戰局多緊張、情況多危險，只要孩子有需要，他可以立刻拋下我們去照顧孩子。我深感佩服，也覺得自己在這方面其實做得還不夠好。這就是線上社群中積極培養社交圈子的良好影響。

對高風險情境保持警惕

家長一定要幫助孩子認識到，線上遊戲中有四種高風險的情境，必須要多加注意，碰到類似情況時一定要提高警惕。

首先是直接或者變相的關係綁架。比如，「如果你繼續和某某一起玩，我就不和你玩了」或者「是兄弟，你就要和我一起怎樣」。遊戲是遊戲，關係是關係，關係好不能成為行為綁架的藉口。這樣的關係綁架非常容易升格成其他的問題，甚至超越遊戲，影響到現實生活。

其次是不平等的交流。我們之前已經說過，玩家與玩家的身分應該是平等的。也許在一些遊戲中，存在著職務分配的差異，但是玩家與玩家在個體層面上，依然是平等的，並沒有什麼高下之分。告訴孩子，如果碰到有人對你頤指氣使，或者逼著你低聲下氣，就要立刻警惕，我們玩遊戲不是來找氣受的。

再者是線上線下的資源置換。如果有人對孩子提出要花錢買他的某個裝備，或者反過來，向你家孩子要錢才給他某個裝備，這就涉及線上與線下資源置換的問題了。不過最嚴重的是，在一些極端情況下，有的人會要求線下見面，這就會導致人身安全方面的風險。

最後是網路霸凌問題。因為有的玩家裝備好，或者拉幫結派，確實存在遊戲中霸凌他人的可能性。不管是當年《魔獸世界》中的「守屍」（一種「趁你病，要你命」的惡意交流），還是現在一些線上遊戲裡「付費洗版」中的辱罵內容，其實都是變相的霸凌。

沒有誰面對這種霸凌有「活該受罪」的義務，但很多時候，孩子的憤怒與復仇心態會被啟動，自然容易做出衝動的行為，或許會大發脾氣，或是偷偷刷爸媽的信用卡，或用同樣方式回罵對方。但是在這樣的互動中，只有遊戲營運方是真的受益的。所以碰到網路霸凌時要及時止損，打不起也躲得起。

比起社交，玩得開心更重要

總之，玩線上遊戲多數時候是開心快樂的，但依然有必要執行線上社交的「否定基準」。如果你的孩子有以下的感受，又暫時沒有解決方案，其實就可以選擇立刻結束當下與對方在遊戲中的交流。

第一，如果孩子玩得不開心，就沒有什麼玩下去的必要。畢竟玩遊戲的目的是為了高高興興，但現在由於和別人的互動感到不舒服了，又何必繼續呢？

第二，當別人提出某個要求而孩子感到不願意時，他其實大可不必接受脅迫。不願意就是不願意，這沒有什麼錯。既然不願意，那就不必被逼著怎樣，對方再有本事也不能順著網路線爬過來威脅你。

第三，如果別人和孩子的交流讓孩子感到不平等，進而有了負面情緒，那也可以早早下線。既然讓人覺得不被平等對待，一定是因為對方表現得不夠友善，和一個不友善的人還有什麼相處的必要呢？

人類是社交動物，而線上遊戲很大程度上依靠遊戲和網際網路的交融，迎合了人在社交方面的需求。可話說回來，玩遊戲是為了高興，社交只是讓我玩得更高興的一種形式罷了。只要把握住這個原則，在玩線上遊戲時偶爾碰見的那些人際關係問題就不足為慮了。真正珍惜、投入與享受那些讓你感覺舒服的關係，才是更重要的。

玩遊戲的終極收穫，其實不一定是豪華的裝備或者全伺服器第一的名號，而是要讓自己開心起來。如果你玩得不開心，那何必還要折磨自己呢？對我來說，好裝備當然會讓我開心，但是來自別人的認可和信任更能讓我開心。在玩遊戲的時候，友善、快樂地和別的玩家打交道，這是遊戲給我的最大收穫。

管理遊戲不等於管理時間

愛上一個遊戲會讓大腦忙不停

就算孩子沒在玩遊戲，遊戲也可能佔據著孩子的大腦。不少家長都有著類似的擔憂。

我家大兒子在五歲的時候，有一段時間玩《當個創世神》非常投入，以至於就算沒有在玩也時常提起，可能會說自己想建造一個怎樣的新房子，或者說會怎樣更合理地對付晚上才出現的怪物。他爺爺擔心地問他：「你是不是滿腦子都在想遊戲啊？」他回答爺爺：「不是啊，我想的是遊戲的方法。」

我覺得這是一個非常巧妙的回答，因為孩子直接了當地告訴我們，在他腦海裡縈繞的並不是對玩遊戲的欲望，而是對玩遊戲的思考。他爺爺擔心的是前者佔據他的心智，而他告訴我們的是，他的心智在正常運轉，所以才能好好地思考應用於遊戲的種種方法。

在他說出這句話之前，我一直都沒有意識到這是個問題：**眾多家長更擔心**

的是，想玩遊戲的衝動會讓孩子的行為不受控，所以才儘量不讓孩子去「想遊戲」，但孩子想遊戲的原因，卻可能比單純的欲望更加複雜。

如果真的只是單純對遊戲本身充滿了欲望，就像有菸癮的人想抽菸一樣，就是單純地想點上那麼一根，而非琢磨「怎麼抽才能更優雅、更帥氣」，那麼我建議你去參考第五章和第七章的內容，從孩子玩遊戲的動機上著手，嘗試從根本上解決這一問題。

當然，即使孩子腦海中的不是欲望，而是對於遊戲的思考，對於很多家長來說也是不能接受的。我的看法是可以接受，但家長也應該警惕這種情況過度頻繁地發生。畢竟生活中還有很多值得我們費心的其他事情。

怎麼處理這個問題呢？

首先，你可以給自己三分鐘，試試讓自己什麼都不想。你會發現這非常困難，你就像一個站在天橋上往下看的人，各種思緒就像車流一樣來來去去、奔騰翻湧，在混亂中還有一定的規律。這些思緒中的車輛，都承載了什麼資訊呢？可能與職場有關，可能是一段你和伴侶之間的對話，可能是今天的早餐……它可能是任何東西，甚至你完全無法預測下一個出現的想法裡到底有什麼元素。

我們的大腦在很多時候並沒有對思維進行太多的主動管理，而更像一個不設限、沒有門的廣場，那些思想的火花、記憶中的情節、具體的情感，想來就來想走就走。這是大腦運作的一種基本模式，它讓你在洗澡的時候靈光一現，想到了專案的解決方案；它讓你在開車的時候茅塞頓開，明白了老闆給你的暗示；它讓你在聽歌時思緒紛飛，想起了自己的初戀……

當然，在一些特殊的時間，你的大腦會被某些事情高度佔據。舉例來說，戀愛的時候總是會想到戀人，吃飯時也會思考「他現在正在吃什麼」，走在馬路上看見某個人，也不禁想像「如果是他背這個包，一定很好看」。

比如我的一些創業家朋友，在創業的初期總有一個不好的習慣，見到誰都在心裡默默想「這個人是不是我的潛在客戶」。又比如很多母親，在她們的生活中，孩子的重要性超越了一切，以至於對自己可以很隨便，但一定要對孩子好。那麼，「子女本位」的思想自然就不時在她們的腦海中作祟。

這些想法、態度和行為，很多時候是無法掌控的，而在很多孩子身上，只不過是其主題變成遊戲罷了。控制難度高，並不意味著完全不可控，我們起碼還可以用幾個方法，幫助孩子把這種對於遊戲的強烈欲望和停不下來的思考，控制在一個健康的區間裡。

我們最起碼應該允許孩子有自我提升的機會。

就像我們不能指望一個人在青春年少的第一次戀愛中就老成穩重，言行舉止恰到好處。要知道，絕大多數人在初戀時，都很難把握情感和行為的界限，年輕的戀情也就有了酸澀的感覺。

對於孩子玩遊戲來說，也是同樣的道理。總有初次怦然心動的時候，而那個時候，喜悅與快樂來得太猛烈，難免會失心瘋。當然，面對這種狀態，我們作為家長要警覺、要提醒，甚至要參與管理，但更重要的是，我們要表示理解。因為一旦不理解，就會冷嘲熱諷、反脣相譏或者橫加阻撓，那麼在這件事上我們就和孩子站到了對立面。

愛情心理學中有一個經典的效應叫作「羅密歐與茱麗葉效應」，說穿了，就是「棒打鴛鴦」非但難以成功，反而更可能促成這對鴛鴦雙宿雙飛。即使這對鴛鴦其實一開始也沒那麼喜歡彼此，也會在外界的反對與阻撓中，給自己層層「加戲」，創造出「真愛」。

在孩子玩遊戲這件事上也是同理，只不過是把戀愛中的雙方，換成了孩子和遊戲罷了。要明白，我們是幫助孩子管理玩遊戲這件事，而不是要和孩子對立，試圖戰勝他。我們應該時時刻刻明白，孩子不是我們試圖對立的對象。

我們起碼應該理解孩子即使沒在玩遊戲，也會心心念念想著這些遊戲——這只是證明孩子是真心喜歡這款遊戲，不算犯錯。有待提升的，是自我管理的能力，是在節制上的掌控。對此，我依然認為之前提到的親子共遊可以達到很好的效果。除此之外，還有一些可以使用的方法，比如「大腦卡位」。

利用「大腦卡位」避免被遊戲佔據心思

我們已經知道，大腦很難自主自動地放空。很多孩子之所以總在想遊戲，是因為大腦的運轉沒有被其他事物卡位。為什麼我們在洗澡和開車的時候容易有靈感？因為洗澡和開車對於大腦運轉的佔據程度不高。

如果你把大腦想像成一個CPU，不同的想法與行為是佔據CPU的各種運作中的程式，那麼洗澡這類事對CPU的佔用率是比較低的，但大腦這種CPU很奇怪，它閒不下來，總要給自己找點事情做，來提高佔用率。所以德國化學家凱庫勒頓悟苯分子環形結構的時候其實在打瞌睡；義大利作家安伯托·艾可在《巴黎評論》上說自己在海裡游泳時能想出很多東西；也因為同樣的原因，你在緊張的籃球比賽中，很難在上籃的時候突然想明白第二天向老闆彙報工作時該說哪三個要點。

這麼一想，解決方案不就變得清晰了嗎？

你如果不想讓孩子在閒暇的時候一直想著遊戲，那你最好安排其他的事情讓他想。大腦總是要想東西的，這個抽屜沒有放空的餘地，你不往裡面放東西，它就會自己找東西把自己塞滿。

很多家長來找我時，說孩子在學習的時候分心，想的全是遊戲。這種情況下，家長往往會發現這麼幾種可能性：孩子的學習任務難度太高，比如競賽級題目，這讓孩子無從下手，無法投入；學習任務難度太低，比如一些基本抄寫，孩子根本提不起興趣，也無法投入；學習環境嘈雜多變，孩子無法深入到任務中，只好東想西想；家長在一旁嘮叨太多，總是打斷孩子，也導致孩子無法專注。

很多家長以為孩子在學習的時候，大腦像一列火車，能把學習任務整塊運輸至目的地。可實際上，大腦大多數情況下更像一輛公車，就這麼開著，每隔幾分鐘停一站，誰先上來誰有座位。思緒就像乘客一樣紛雜，上上下下，來來回回，想要盡力維持完成學習任務或者其他任務時的高效率，就需要儘量讓這些乘客在起點統一上車，到了目的地再整整齊齊地下車。

這個工作就叫作「大腦卡位」。你需要幫助孩子安排高度投入、難度適宜、有建設性成果的活動，來提前搶佔大腦資源，這樣才能解決孩子「即使沒在玩遊戲，也滿腦子想遊戲」的問題。

當然，在很多家長看來，最理想的情況是孩子滿腦子想的都是學習。但是，飯要一口口吃，路要一步步走。行為不應該只在兩種極端來回衝擊，我們應該允許中間地帶的存在。也許孩子不會「痛改前非」般突然從滿腦子遊戲轉到一心一意解開數學題目上，但如果讓孩子能夠有更多元的選擇，不至於無時無刻都在思考遊戲，不也是一種成功的開始嗎？

從紐約大學的社會心理學教授亞特．阿隆的研究結果來看，有些行為比較適合拿來做大腦卡位，包括能鍛鍊身體的體育活動，如乒乓球和跆拳道；有合作屬性的活動，如合作拼圖和一起修自行車；具有競技要素的活動，如對弈五子棋和籃球比賽；難度適當又有趣味性的活動，如做立體幾何題和拼裝模型。

我們不能想當然地認為孩子只要沒在想遊戲，就一定是在思考、學習。事實上，從廣義上來說，不管孩子想的是什麼，其本質都是一種「學習」。對於很多家長來說，至少應該建立起這樣的認知：**在你想讓孩子的大腦被學習佔據之前，你起碼先要讓孩子的大腦習慣於不被遊戲佔據。**

除了大腦卡位，「向上思考」也是一種可行的方法。

「向上思考」就不會被遊戲蒙蔽

向上思考所指的並不是要「積極」地思考，或者把事情想得更加光明，而是指要把思緒整理、劃分，有指向性地往更有價值的地方集中。當你從更高的視角去思考一個事物時，那麼從思想的深度到結論的質量，都會有更深層次的蛻變。

平庸的思考只能創造更多平庸，深度的思考才能挖掘出更多有深度的內容。對於遊戲也是如此。讓孩子在想遊戲的時候能夠想得更加深刻，未嘗不是一件好事。

也許一個孩子在閒暇時光裡，滿腦子都是遊戲裡的場景，或者思索下次玩遊戲時自己要採用什麼策略，甚至回顧遊戲角色講出的經典台詞，如果這些想法只是不斷反芻遊戲內容的話，其實沒什麼思想上的火花可言。但我們需要考慮一種管理的可能性：不打斷這種思考，反而會給這些思考進一步發展的空間。如果那些對遊戲原本平庸的想法能被激發成好奇心、創造力、探索欲，情況就會好很多。

第一，向上思考會讓遊戲變成一種教育的契機。

與以往相比，當下這個時代，非常多的遊戲已經具備了相當的深度，不少好遊戲都值得被奉為難得的藝術品，值得你細細品味。有些家長會請我推薦一些好遊戲，我總會問：「除了遊戲，孩子有什麼喜歡的嗎？」之所以這麼問，其實就是為了讓遊戲不只是玩玩而已，更能從這些孩子的喜好出發，賦予他們更多思考、成長的素材。

對於一些遊戲，我們可以很方便地找到方法去結合它們做更深入的探索。像《文明帝國》（Civilization）系列與世界史的結合、《異星工廠》（Factoria）與自動化工程的結合、《駭客網絡》（Hacknet）與程式設計和網路安全的結合、《紀念碑谷》（Monument Valley）與視覺錯覺的結合，它們都非常直接明瞭，而且有趣。

除了遊戲的表現形式，遊戲所展現的人文視角和議題，有時候也能拿來做文章。我有一些學生，很愛找我討論一些遊戲中表現的獨到技術和深刻命題，比如《生化奇兵：無限之城》（BioShock Infinite）中獨特的文學敘事手法；《異塵餘生3》（Fallout 3）中表現出的廢土人文，從人類學和社會學的角度看有幾分可能性；《底特律：變人》（Detroit：Become Human）中的倫理學思考，或者其中表現出的心理學現象。

好的遊戲通常有很深的挖掘空間，也許就靠某個突發奇想，孩子就能在遊戲中找到自己與眾不同的核心競爭力。當然，也有很多遊戲本身就缺乏「向上思考」的素質和空間，比如曾經紅極一時的《開心農場》遊戲。它們在放鬆心情這方面的功能依然值得認可，但指望透過對這些遊戲的高度投入換取什麼深刻洞見，恐怕很難實現。

所以，如果以這樣「向上思考」的形式去審視遊戲，遊戲本身的確可以幫助孩子對世界、科學知識以及文化有更深的瞭解。只不過，這會很考驗家長對於遊戲的理解能力。

第二，一旦你能從更高的視角俯視某個事物，你往往就更能理性客觀地對待它。

比如不少電商平台，都會在每年最後一個月做一波看似力度很強的推銷活動，最典型的當屬「雙十二」。我老婆總會在把一大堆東西加入購物車後，假意來找我商量要不要買以及要買多少——說是商量，其實就是知會而已。

我問我老婆：「你知道為什麼在雙十二這天要特賣促銷嗎？」幾乎被購物慾佔據了所有腦容量的她，當然回答不了這個問題。我接著說：「因為雙十一賣出去的東西，該退貨的已經退得差不多了，商家礙於年底有現金流、倉儲等壓力，要抓緊時間再賣出去。」

這句話發揮了我完全沒有預料到的作用，我老婆在雙十二花的錢比她原本打算的少很多，尤其是在衣服和兒童用品上，她說：「一想到這些東西可能是別人退的貨，我就反感。」有這樣的結果，就是因為「向上思考」提供了往下看事物的視角，使人更加理智。

我相信，很多家長在看過這本書後，對於孩子玩遊戲這件事，將報以更加理性、客觀的態度。之所以會這樣，並不是因為孩子玩遊戲的機遇和風險，與你看這本書之前有所不同，而是因為你對於遊戲的態度和觀感得到了梳理，面對遊戲，你不再平視那些亂糟糟的資訊，而從一個制高點，透過俯瞰，有了「下一盤棋」的視角。

對於孩子來說也是一樣，讓他們不再平視遊戲，讓他們意識到自己完全有能力俯視遊戲、看透遊戲、抓住遊戲背後的東西，就可以讓他們不至於時常被光怪陸離的遊戲表象所矇蔽。

所以我總是會建議一些玩過很多遊戲的孩子找機會瞭解一下程式設計，去和真正的職業玩家接觸看看，去瞭解遊戲策劃開會都聊點什麼，甚至去瞭解電動遊戲的變遷與發展。

我也會建議來找我的家長，與其帶其實沒有心理障礙的孩子求醫問藥，倒不如讓他們真正瞭解一下遊戲是怎麼來的、怎麼發展的、怎麼變成他們喜歡的那個樣子的。當他窺見了這裡面的知識與計畫，變成了一個「局內人」，就不太容易遭受低階的蠱惑了。當你發現你沉醉的東西只是一個更加巨大的圖景中的一小片拼圖時，你就會比較容易抽身。

下面再介紹一種方法，叫「不插電時光」。這是一條給全家人的建議。

全家共同遵守「不插電時光」

「不插電」原本是個音樂術語，指的是不使用電子樂器來表演音樂，但在這裡，我指的是不使用帶螢幕的電子產品。

大多數成年人其實也在面對電子產品使用過量的問題，讓他們警告孩子「不要玩太多遊戲，也不要動不動就想著遊戲」是非常沒有說服力的。英國的一項研究表明，六〇%的家長擔心他們的孩子會在螢幕上花費太多時間，而七〇%的孩子則認為他們的父母使用了過多的新興電子產品。

家長管孩子玩遊戲？很多時候不過是五十步笑百步而已。

既然我們給孩子專門安排了一段完整的遊戲時間，也應該特別安排無電子螢幕的「不插電時光」。這可以讓孩子擁有並適應不玩遊戲的時間，知道時間是一種特殊的資源，不同的時間本來就該分配運用於不同的生活元素。

這個道理不少家長都懂，但是鮮少有人主動把自己也納入這種不插電時光中。很多家長會花費大量的精力去管理孩子，讓孩子少接觸電子產品，但是當孩子與他們交流，而他們自己在滑手機的時候，總是心不在焉地回覆孩子的社交需求。

孩子這時候一般有兩種反應：一是貼上去和家長一起看螢幕，而家長要麼默許，要麼就像趕蒼蠅一樣說「你到旁邊去玩」；二是因為挫敗感，開始對父母生氣，試圖打斷沉浸在螢幕中的父母。而他們這麼做的結果，就是父母反過來對孩子生氣，或是父母無奈地把手機放下，開始被動交流。

我很少見到有父母在這種情況下能主動真誠地向孩子道歉的，雖然這個時候道歉是他們最該做的事情。

你需要讓孩子意識到，作為一個大人，你可以處理好自己和電子螢幕的關係，或者你也很努力地在處理這種關係。只有這樣，孩子才能把「處理與遊戲的關係」當作一件需要去完成的事情來對待。

我知道這很難，因為你可能要在即時通訊軟體上開會，要等著在電商平台上「秒殺」低價的折扣商品，要花十幾分鐘修圖後發在社群媒體上，甚至可能你自己也在玩遊戲。

不存在沒有代價的管理，孩子並不是一個放在那裡就能自主運轉的全自動管線，作為父母，我們總要做點什麼，而且你這樣做其實並不算犧牲，因為你也知道這麼做是對的，你本人也可以由此獲益。

作為一名高度認同電動遊戲能讓孩子在童年激發潛力、促進成長的心理學家，我其實並不像很多人想像的那樣完全擁抱新技術。我自己是不玩手機遊戲的，我的孩子也不玩；因為擔心自己停不下來，我不使用任何短視訊軟體；比起電子閱讀器，我更喜歡紙本書；在工作時間，我的手機會用軟體徹底鎖死；在意識到碎片化時間裡太常使用電子產品後，我在廁所都隨時準備一本書（當然這可能不利於健康）……

如果你願意，總會有辦法處理好自己和電子產品的關係。接下來，是我的一些實際建議。

第一，規定一個全家人都不接觸螢幕的時間，可以是飯後兩個小時，也可以是睡前的一個半小時，根據你家的具體情況而定。在這段時間裡，一家人不一定要完全拋棄電子產品，但你們起碼不能全心地投入在某個螢幕上。孩子們可以將心思擺在學習上，而家長可以嘗試回歸過去的生活習慣，選擇閱讀、運動、聊天，甚至重新拿起你早扔下的某個樂器，如果你怕吵到孩子，也可以嘗試繪畫或者刺繡。

第二，如果你或者孩子不習慣完全安靜、無打擾的環境（有的人的確是這樣，所以一定要在咖啡廳裡工作效率才高），那麼可以在家中設定一個白噪音環境。不管是固定頻率的白噪音，還是海浪、下雨、鳥鳴、木柴燃燒的劈啪聲，我們都可以在專門的ＡＰＰ中找到。

第三，設定番茄鐘。在安排了「不插電時光」後，孩子很可能會時不時來向你詢問時間：「還有多久？」「幾點了？」「時間是不是快到了？」雖然這些對答兩三秒就能完成，但它意味著孩子要花五分鐘甚至更長的時間從專注中抽離並重新投入。為了解決這個問題，我們有必要專門找一個工具——但不是鬧鐘。鬧鐘只能在某個特定的時間響一次，但我們需要的是給孩子和自己設定一個合理的時間區隔，讓孩子保持專注，但不至於缺少休息，達到類似這樣的效果：每過三十五分鐘就休息五分鐘，一共三輪，共計兩小時的不插電時光。

這時需要的工具是「番茄鐘」，它之所以叫這個名字，是源於一個叫作

「番茄工作法」的時間管理工具。你可以靠軟體來實現番茄鐘的功能，或者直接買一個實體的也可以，一旦設定好之後，它就會在對應的時間點告知主人什麼時候該投入、什麼時候該休息。在一些軟體裡，番茄鐘甚至會被加進白噪音功能。時間到時白噪音就會停止，說明到了休息時間，而一旦白噪音重新響起，就意味著又到了專心時間。

在剛開始使用這個方法時，你們全家人可能需要摸索一下到底設定什麼規模的時間組塊最合適，畢竟對很多孩子來說，專注超過二十五分鐘都不太容易，而對於主要以寫作為業的人來說，低於四十分鐘的時間不能保障有足夠的成果輸出。除此之外，還要注意的一點是，有的人在專注投入方面非常隨性，且收放自如，對於他們來說，設定番茄鐘完全有可能是畫蛇添足。

第四，硬體限制。這是一個家長慣用的老招數了。當年我爸管我玩遊戲就用這一手，到今天，雖然形式上有改變，但效果上依然有保證。為了服膺於已經協商好的不插電時光，我們可以像上一代家長一樣，在硬體上做好管理，但又不能像上一代很多家長一樣，光管孩子，卻沒有管自己。所以，在做出硬體相關的設定時，請不要忘了把自己也納入管理對象中。

這方面的具體方法很多，比如在你家的路由器上提前設定好固定的斷網時間，比如週一至週五的晚上七點半到九點，路由器會阻隔所有外網連線。還可以給家裡的遊戲機設定「允許遊玩時間」和「允許遊玩內容」，這樣在沒有被設定的時間裡，遊戲無法執行；要玩某款新遊戲時，遊戲機也會自動識別遊戲中的潛在內容風險，再決定是否執行。

我手機上的番茄鐘軟體甚至還帶有一個「強硬」的管理功能：它有一個遊戲化的記分系統，每次長時間的專注，都可以轉化成軟體裡你種下的樹木。專注時間越長、越頻繁，森林也就越茂盛。當你堅持一兩個月後，回頭看看自己的「專注森林」還是很有成就感的。但這個軟體同時還有一個設定：一旦你開始專注，樹處於生長期間，你就不能離開軟體介面，切換到手機上的任何其他功能和螢幕都會讓你的樹枯死。更可怕的是，這些枯死的樹會留在你的樹林中，你要是想把它們除掉，還要花費遊戲裡的金幣，而這些金幣，只能靠你辛辛苦苦「真正專注」很長時間之後才能獲得。這就是拿遊戲管理遊戲。

我甚至還嘗試過這樣的方法：把家裡的電視和自己的手機完全設定成灰階顯示模式，這樣一來，不管在螢幕上顯示的影像原本多麼絢麗，在我眼裡都是一張黑白照片。這個方法出乎意料地有效，視覺給人帶來的心理影響是巨大的，而這個方法讓很多原本充滿誘惑力的視覺刺激變得毫無吸引力。

我一直不贊成在管理孩子使用電子產品時，採用過度強硬的他律手段。但如果父母能在自律的層面做得更好，並與孩子達成對「不插電」的一致觀點，這時再借用更多的手段來實施管理，那何樂而不為呢？

在管理孩子玩遊戲這件事上，「該出手時就出手」是所有家長的必修課。作壁上觀，任由事態發展是不可取的；捲起袖子，親力親為「撥亂反正」也非上策。唯有眼明手快，看得出什麼時候該擺出姿態，並在關鍵時刻有拿得出的管理方案，當「顧問」而非「打手」，才能真正幫助孩子去解決面對電動遊戲時碰到的各種問題。

親子問題相談室

「我想在家裡安排不插電時光，但孩子的一些作業需要用到手機，我該如何做好平衡？」

很多家長對我說，孩子假意要用手機或者平板電腦來做功課，實際上可能查個單字就把遊戲開啟了。

我們首先應該明白，以電子產品為工具以服務於學習和工作，是當代人的必修課。完全遏止孩子在學習中使用電子產品，不一定是最好的解決方案。有朝一日，他不受外界管控的時候，需要有能力約束自己，好好地把電子產品作為生產力工具而非遊戲工具。

當然，這種能力沒法一蹴而就，所以我有如下建議。

第一，不插電時光與用電子產品輔助學習並不矛盾。並不是所有的學習任務都要用到電子產品，實際上，用電子產品即時輔助所有的學習任務對於學習效果不一定有好處。我們不妨和孩子聊一聊，在不插電時光中儘量安排不需要用到電子產品的學習任務，如果有需要用到手機或平板電腦的任務，專門在一段時間裡集中處理。

第二，我們還可以針對裝置上安裝的軟體做管控。如果孩子要用到手機和平板電腦，那麼在這些硬體上不安裝遊戲，並不是一件很難的事情。如果孩子對於一些複雜功能有要求，我們可以考慮專門給孩子配置一臺不執行Windows或者MacOS的電腦，比如Chromebook筆記型電腦就預設執行Chrome OS，並且有許多硬體都支援安裝Linux作業系統，在這些系統下，基本的上網與辦公功能都可以滿足，安裝遊戲卻不方便。

「我的孩子會在晚上玩手遊，甚至藏在被窩裡偷偷玩，以致嚴重影響了睡眠和第二天的學習狀態。」

對於八〇後或九〇後的人來說，很多人都有過在中學期間，躲在被窩裡開啟手電筒看小說或者漫畫的經歷，個體間的區別大多是男生更愛看武俠，女生更愛看言情。

對於現在的孩子來說，晚上偷偷摸摸用手機玩遊戲等舉動，與他們父母當年的所作所為，其實本質上沒有什麼區別。從這個角度來看，我們可以更加理解孩子的行為，但這不意味著我們就可以不參與管理。

很多家庭會把允許使用電子產品的時間安排得非常晚，這麼做通常是因為在孩子的學習任務完成以後，家長才認為孩子有休息、娛樂的資格。但這其實也帶來了巨大的風險。

一方面，在生理上，不管是接觸藍光抑制了褪黑激素的分泌，還是遊戲與影片內容刺激了皮質醇激素的分泌，睡前使用電子產品都會加深入睡困難。這也是為什麼你作為成年人，睡前滑手機也會不知不覺過量。所以我不建議孩子在睡前的一個半小時以任何形式接觸電子產品，專門的玩遊戲時間應該安排到更合適的時間裡。

另一方面，如果使用電子產品和睡眠中間的間隔太短，前者當然會對後者有很大影響，因為對孩子來說，每天的自由時間只有那麼多，玩遊戲的時間又被安排得太後面了，所以只能想辦法犧牲睡眠時間。

不僅如此，很多家長對於孩子的睡眠也不夠重視。在很多家庭的教育理念中，為了給學習讓出更多的時間，孩子的時間安排中第一個被犧牲掉的是遊戲時間，第二個就是睡眠時間。

很多中學生的日程安排，都是很鮮活的「睡眠剝奪人體實驗」的例子。所以從某個角度來說，孩子被大人灌輸了這樣一個觀念：「睡眠是非常不重要的。」家長不重視孩子的睡眠，孩子自己當然也不會學著去重視，所以這些孩子會因為玩遊戲而喪失睡眠時間。大腦得不到充分的休息，在第二天認知表現和自制能力都會下降，這樣就容易將生活導入惡性循環之中。

所以，我建議有這一問題的家長，應該和孩子好好談一談怎麼樣更妥善地規劃使用電子產品的時間，同時也應該強化全家人對於「好好睡覺」的重視程度。

致謝

感謝我的父母給了我一個比絕大多數同齡人更加寬鬆的成長環境，可以玩到自己喜愛的好遊戲，這些美好的遊玩時光是我一生的財富。

感謝我的父親，他在一九九〇年代帶我接觸了電腦和遊戲，並給我買了一臺電腦，我是班上第一個擁有自己電腦的孩子。二十多年後，他是本書的第一個讀者，並做了最初的編輯與審校工作。

感謝我的母親，她在滿足我對電子產品的正當需求上從不吝嗇，同時還在該嚴格管理的時候及時幫我約束自己。

感謝我的妻子蘇靜，在本書撰寫期間，她替我承擔了大量的家務工作，代替我給孩子們充分的陪伴。作為心理學家，她也對本書的內容提供了許多寶貴的建議。

感謝我的大兒子葉平易，你永遠是我最想一起玩遊戲的玩伴。

感謝所有因為信任而向我求助的家庭，感謝你們的信任，也希望我能夠為你們提供切實的幫助。

感謝我的老師與朋友們：王曉冰老師和劉晉鋒老師為我提供了很多中肯的建議，也幫我梳理了許多原本不成熟的想法；李子木老師提供的素材和支援，讓這本書更加接近中國家庭的真實需要；劉小杰老師與我的交流讓我產生了很多新的靈感和思考；華沙老師關於成癮的解析，給了我茅塞頓開的感受；張蔚老師、王非老師、史秀雄老師和我一樣，同時是心理學人和電動遊戲玩家，他們為我提供了大量的寶貴建議和素材；特別感謝本書的出版負責人劉利英老師，選擇並出版這本書是需要勇氣和魄力的。

最後，感謝所有與我一起玩過遊戲的人，感恩與你們共處的快樂時光。

寫在最後

一八五四年八月下旬，倫敦爆發了一場嚴重的霍亂。同年九月的第二週，就已經有五百多人死亡。當時的醫學界普遍認為，像霍亂、鼠疫這種傳染病，都是透過汙濁的空氣傳播的，只要遠離這些瘴氣就不至於被感染。但倫敦的一位內科醫生約翰．斯諾認為事情的本質並沒有這麼簡單。

斯諾走訪各地，調查了大量民眾，最終推斷出這場霍亂到底從何而來，一切線索都指向倫敦市內的一處水源地，這是一口帶有手動泵水裝置的水井。他說服了地方官員，移除這口井上的手動泵，伴隨著這個舉措，當地的霍亂也逐漸平息了。

斯諾對於這場霍亂的思考與研究，對於公共衛生學和健康地理學的意義重大，也被視為流行病學的發端。在這場瘟疫中，人身上的疾病是顯而易見的問題，但是困局的起始，卻在一個難以察覺的井底。

而在多數家庭中，孩子玩電動遊戲這件事給家長帶來的困擾，其實也是同理。因為「玩遊戲」直接帶來的麻煩和親子問題太凸顯，非常多的家長會直接就孩子表面的行為問題與孩子爆發衝突。

的確，當你發現一個非常棘手的毛病時，你的第一反應往往是考慮怎麼去治這個病。但我們一定要警覺，很多病有更根本的病因和癥結，真正需要我們好好處理的問題，是那口「井」。對不同的孩子來說，這口井並不一樣：也許是缺少來自父母的關愛；也許是關愛太多，導致「母慈子敗」；也許是沒有一個表達自我的空間；也許是校園霸凌逼得孩子要找一個安全空間；也許是他沒有良好的自我管理能力。

在玩遊戲出問題的背後，肯定有一個比遊戲更值得我們處理的問題。只有處理好了這個問題，孩子才不至於沉溺在遊戲的世界中，遊戲才有可能真正轉化為養分，去賦能孩子的成長。

我們的孩子所處的時代，與我們成長的年代大有不同。試圖將上一代人的經驗和思維徹底套用在下一代人的成長軌跡上，既不現實，也沒有益處。那些很多家長看不慣的東西，也許剛好能在下一代人的生命中開出一朵花來。這朵花從沒在你我的生命中出現過，所以我們不可能從一開始就有意識、有目的、有安排地去栽培它。

綜藝節目《創造１０１》捧紅了一個叫楊超越的女孩，這個女孩在節目中獲得第三名的好成績，但她更大的影響力，則是在全中國的新生代群體中，颳起了一陣「錦鯉」風潮。

二〇一九年三月，在全球最大的軟體專案託管平台Github上，她的粉絲群發起了一場厲害的楊超越程式設計大賽。這個完全由粉絲群自行組織的賽事，打著「超越第一，比賽第二」的口號，有模有樣地做出了海報、表明了主辦方和協辦方、安排了比賽流程，甚至公告了活動相關的法律細則。

活動分為四個階段：第一階段是提交想法並自由組隊；第二階段是著手進行專案開發；第三階段是各組拿出作品進行比賽；第四階段是繼續開發並做出實用成品。一開始，甚至連活動的主辦方都認為這只是一個小群體的「自嗨」。但很快地，這個競賽接到了大量的報名申請與組隊申請。

這裡面有做「楊超越資訊平台」微信小程式的；有做「楊超越版俄羅斯方塊」的；有做「楊超越動態螢幕保護程式」的；有做「超越雲」雲端計算平台的；有做透過深度學習進行語音轉換，讓所有人都能像楊超越一樣喊出「燃燒我的卡路里」的；甚至有打算用區塊鏈技術來做一個平行於真實世界的「超越村」虛擬世界的。三百個專案中，最終有一百五十個正式參賽，有七十個在規定時間裡做出了可供評估與試用的產品。

四月十九日，總決賽線上直播，全網投票共二十五萬二千一百二十七票，評出了前十名。這前十名的作品裡有不少遊戲，比如角色扮演類的《超越傳說》和益智類的《超越礦工》《保護我方楊超越》。

其中榮獲第八名的遊戲《超越衝衝衝》尤其值得一提，這是一款跑酷遊戲，整個遊戲由針對低齡人群的程式設計工具Scratch編輯完成。其作者團隊叫作「大能量小學生」，由來自杭州西子實驗學校的四名小學生組成，包括兩名程式設計師和兩名美工，場外指導是他們的程式設計課老師。

要知道，一個成型軟體的問世，可不只有程式設計這麼簡單。要在如此緊湊的時間安排下做出一款遊戲，這幾個小學生要做到前期的策劃、合理的分工、精準的配合、有序的組織、對外界資源的有效利用、時間的規劃、程式的撰寫、對遊戲漏洞的修正、與比賽主辦方的溝通等等。

能在三百個專案中得到第八名，就說明這些孩子在所有上述挑戰中，要比另外二百九十二支隊伍做得更好。什麼叫素質教育？我覺得這就是最好的素質教育。

追星、玩遊戲、參加線上活動，這裡面隨便挑一個出來，放在不少家庭中，都是讓家長不屑的事情。但是在這件事裡，三件事的結合，似乎讓我們在放下成見後，看到了孩子們身上更多的成長可能性。

也許他們現在的作品還很稚嫩，除了遊戲之外，也沒有別的更拿得出手的想法和表達自我的方式，但是在做這款遊戲、玩這款遊戲的過程中，他們依然學到了很多以後即使不在遊戲領域也用得上的知識和技能。

作為家長，我們都對孩子的未來充滿期待。在這些期待中，有長得高高壯壯、出席畢業典禮、走進婚姻殿堂等等，但通常沒有這樣一個形象——孩子在玩遊戲。

我們的那些期待與想像，往往都可以在孩子的成長過程中找到直接對應的事情，好好吃飯才能高高壯壯，好好學習才能進好學校，好好待人接物才能讓你愛的人也愛你。這些都沒問題，但是這些連結如此強烈，以至於「一葉障目，不見泰山」，讓我們誤以為所有不能直接轉化為夢想實現的行為都是浪費時間。可事實並非如此。

唯有適當休息，而不是拼了命地運動，才能讓鍛鍊轉化為肌肉而非運動損傷；唯有合理飲食，而非一個勁兒吃肉，才能營養均衡而不是營養過剩；唯有睡眠充足，而非從早到晚學習，才能讓知識真正進入記憶系統，有效內化。

遊戲也是同樣，它不一定出現在人生的宏大藍圖中，但它可以成為更容易被孩子接納的訓練場所和成長素材。

遊戲的作用機制遠比看上去複雜，作為紓解情緒的方法，它對人的情緒、情感有緩衝的作用；作為需要用腦的活動，它對人的認知與思考有鍛鍊的效果；作為新一代人的社交平台，它還肩負幫孩子呼朋引伴的重要責任；作為能夠引發心流的刺激來源，它還會讓孩子吸收新鮮的思考與創意——當然這一切的前提是，使用得當。

作為家長，與其採用「閉關鎖國」的政策，阻斷孩子與電子產品的所有交流，倒不如好好想想究竟如何才能掌握正確的管理方法，打造一個開明健康的家庭環境，讓遊戲有助於孩子的成長，讓「玩遊戲」這件事轉變成孩子能受用一生的紅利。

參考文獻

第1章

[1] LENHART A, SMITH A, ANDERSON M, DUGGAN M, PERRIN A. Teens, technology and friendships[R/OL]. (2015-08-06). http://www.pewinternet.org/2015/08/06/teens-technology-and-friendships/

[2] Entertainment Software Association. Essential facts about the computer and video game industry[R/OL]. (2019-05). https://www.theesa.com/wp-content/uploads/2019/05/2019-Essential-Facts-About-the-Computer-and-Video-Game-Industry.pdf

[3] 施暢。恐慌的消逝：從電子海洛因到電子競技[J]。文化研究，2018(1):145-165。

[4] 何威，曹書樂。從電子海洛因到中國創造，《人民日報》遊戲報導（1981-2017）的話語變遷[J]。國際新聞界，2018,40(5):57-81。

[5] FISCHER C S. America calling: A social history of the telephone to 1940[M]. Berkeley: University of California Press, 1994.

[6] FANG I. Alphabet to Internet: Mediated communication in our lives[M]. Minneapolis: Rada Press, 2008.

[7] STURKEN M, THOMAS D, BALL-ROKEACH S. Technological visions: The hopes and fears that shape new technologies[M]. Philadelphia: Temple University Press, 2004.

[8] GAUNTLETT D. Moving experiences: understanding televisions influences and effects[M]. London: John Libbey, 1995.

[9] ALTER A. Irresistible: The rise of addictive technology and the business of keeping us hooked[M]. New York: Penguin Press, 2017.

[10] SIGMAN A. Time for a view on screen time[J]. Archives of disease in childhood, 2012, 97(11): 935-942.

[11] LING R. Taken for grantedness: The embedding of mobile communication into society[M]. Boston: MIT Press, 2012.

第2章

[1] MARKEY P M, IVORY J D, SLOTTER E B, et al. He does not look like video games made him do it: Racial stereotypes and school shootings[J]. Psychology of Popular Media Culture, 2019.

[2] FERGUSON C J. Do angry birds make for angry children? A meta-analysis of video game influences on childrens and adolescents aggression, mental health, prosocial behavior, and academic performance[J]. Perspectives on psychological science, 2015, 10(5): 646-666.

[3] PRZYBYLSKI A K, WEINSTEIN N. Violent video game engagement is not associated with adolescents aggressive behaviour: evidence from a registered report[J]. Royal Society open science, 2019, 6(2): 171474.

[4] 邵嶸，滕召軍，劉衍玲。暴力視訊遊戲對個體親社會性的影響：一項元分析[J]。心理科學進展，2019,27(3):453-464。

[5] MARKEY P M, FERGUSON C J. Moral combat: Why the war on violent video games is wrong[M]. Dallas: BenBella Books, 2017.

[6] GENTILE D A, ANDERSON C A, YUKAWA S, et al. The effects of prosocial video games on prosocial behaviors: International evidence from correlational, longitudinal, and experimental studies[J]. Personality and Social Psychology Bulletin, 2009, 35(6): 752-763.

[7] 李夢迪，牛玉柏，溫廣輝。短時親社會電動遊戲對小學兒童攻擊行為的影響[J]。應用心理學，2016,22(3):218-226。

第3章

[1] 簡．麥戈尼格爾。遊戲改變世界[M]。閭佳，譯。杭州：浙江人民出版社，2012。

[2] BAVELIER D, GREEN C S. Brain Tune-Up from Action Video Game Play[J]. Scientific American, 2016(6).

[3] PRZYBYLSKI A K, WEINSTEIN N. A large-scale test of the goldilocks hypothesis: quantifying the relations between digital-screen use and the mental well-being of adolescents[J]. Psychological Science, 2017, 28(2): 204-215.

[4] ROSSER J C, LYNCH P J, CUDDIHY L, et al. The impact of video games on training surgeons in the 21st century[J]. Archives of Surgery, 2007, 142(2): 181-186.

[5] BAYM N K. Personal connections in the digital age[M]. Cambridge: Polity Press, 2015.

[6] 米哈里・契克森米哈伊。創造力：心流與創新心理學[M]。黃珏蘋，譯。杭州：浙江人民出版社，2015。

[7] DIKKERS S. Teachercraft: How Teachers Learn to Use Minecraft in their Classrooms[M]. Pittsburgh: ETC Press, 2015.

第4章

[1] REEVES B, READ J L. Total engagement: How games and virtual worlds are changing the way people work and businesses compete[M]. Boston: Harvard Business Press, 2009.

[2] 簡・麥戈尼格爾。遊戲改變世界[M]。閭佳，譯。杭州：浙江人民出版社，2012。

[3] SALEN K, TEKINBAS K S, ZIMMERMAN E. Rules of play: Game design fundamentals[M]. Boston: MIT Press, 2004.

第7章

[1] NEILL A. Summerhill school[M]. New York: St. Martins Griffin, 1992.

[2] 喬丹・彼得森。人生十二法則[M]。史秀雄，譯。杭州：浙江人民出版社，2019。

[3] STIXRUD W, JOHNSON N. The Self-driven Child: The Science and Sense of Giving Your Kids More Control Over Their Lives[M]. New York: Penguin Press, 2019.

[4] KING D L, POTENZA M N. Not playing around: gaming disorder in the International Classification of Diseases (ICD-11)[J]. Journal of Adolescent Health, 2019, 64(1): 5-7.

[5] LANGLOIS M. Dopey About Dopamine: Video Games, Drugs & Addiction [R/OL]. (2011-11-08). http://gamertherapist.com/blog/2011/11/08/dopey-about-dopamine-video-games-drugsaddiction/

[6] GENTILE D. Pathological video-game use among youth ages 8 to 18: A national study[J]. Psychological science, 2009, 20(5): 594-602.

[7] WEINSTEIN A, LEJOYEUX M. New developments on the neurobiological and pharmaco\genetic mechanisms underlying internet and videogame addiction[J]. The American Journal on Addictions, 2015, 24(2): 117-125.

[8] MARKEY P M, FERGUSON C J. Moral combat: Why the war on violent video games is wrong[M]. Dallas: BenBella Books, 2017.

[9] KALANT H. What neurobiology cannot tell us about addiction[J]. Addiction, 2010, 105(5): 780-789.

第8章

[1] SHIMAI S, MASUDA K, KISHIMOTO Y. Influences of TV games on physical and psychological development of Japanese kindergarten children[J]. Perceptual and motor skills, 1990, 70(3): 771-776.

[2] COLWELL J, GRADY C, RHAITI S. Computer games, self\esteem and gratification of needs in adolescents[J]. Journal of Community & Applied

Social Psychology, 1995, 5(3): 195-206.

[3] VAN SCHIE E G M, WIEGMAN O. Children and Videogames: Leisure Activities, Aggression, Social Integration, and School Performance [J]. Journal of applied social psychology, 1997, 27(13): 1175-1194.

[4] BINGHAM J. Screen Addict Parents Accused of Hypocrisy by Their Children[R/OL]. (2014-07-22). http://www.telegraph.co.uk/technology/news/10981242/Screen-addict-parents-accused-of-hypocrisy-by-their-children.html.

台灣廣廈國際出版集團
Taiwan Mansion International Group

國家圖書館出版品預行編目（CIP）資料

今天開始，陪孩子打電玩：認知×社交×創造×情緒調節，用電動遊戲激發四大能力，玩出無限人生！ / 葉壯著. -- 初版. -- 新北市：臺灣廣廈有聲圖書有限公司, 2021.04
面； 公分
ISBN 978-986-130-483-0(平裝)
1.親職教育 2.子女教育

528.2 110003099

台灣廣廈

今天開始，陪孩子打電玩

認知×社交×創造×情緒調節，用電動遊戲激發四大能力，玩出無限人生！

作　　者／葉壯
編輯中心編輯長／張秀環・**編輯**／許秀妃
封面設計／曾詩涵・**內頁設計**／張家綺
內頁排版／菩薩蠻數位文化有限公司
製版・印刷・裝訂／東豪・弼聖・紘億・秉成

行企研發中心總監／陳冠蒨
媒體公關組／陳柔彣
綜合業務組／何欣穎

發 行 人／江媛珍
法律顧問／第一國際法律事務所 余淑杏律師・北辰著作權事務所 蕭雄淋律師
出　　版／台灣廣廈
發　　行／台灣廣廈有聲圖書有限公司
地址：新北市235中和區中山路二段359巷7號2樓
電話：（886）2-2225-5777・傳真：（886）2-2225-8052

代理印務・全球總經銷／知遠文化事業有限公司
地址：新北市222深坑區北深路三段155巷25號5樓
電話：（886）2-2664-8800・傳真：（886）2-2664-8801
郵政劃撥／劃撥帳號：18836722
劃撥戶名：知遠文化事業有限公司（※單次購書金額未達1000元，請另付70元郵資。）

■出版日期：2021年04月
ISBN：978-986-130-483-0

原著作名：邊遊戲，邊成長：科學管理，讓電子遊戲為孩子助力
本書由北京華章圖文信息有限公司授權出版